7~9岁，叛逆期来了

贾杜晶◎著

四川科学技术出版社
·成都·

图书在版编目（CIP）数据

7～9岁，叛逆期来了/贾杜晶著. -- 成都：四川
科学技术出版社，2021.7
ISBN 978-7-5727-0165-8

Ⅰ.①7… Ⅱ.①贾… Ⅲ.①儿童教育—家庭教育
Ⅳ.① G782

中国版本图书馆 CIP 数据核字（2021）第 127770 号

7～9 岁，叛逆期来了

7～9 SUI，PANNI QI LAI LE

著　　者　贾杜晶

出 品 人　程佳月
策 划 人　王长江
责任编辑　周美池
封面设计　异一设计
出版发行　四川科学技术出版社
　　　　　成都市槐树街 2 号 邮政编码 610031
　　　　　官方微博 http://e.weibo.com/sckjcbs
　　　　　官方微信公众员：sckjcbs
成品尺寸　170mm×240mm
印　　张　13　字数 260 千
印　　刷　三河市天润建兴印务有限公司
版　　次　2021 年 9 月第 1 版
印　　次　2021 年 9 月第 1 次印刷
定　　价　45.00 元
ISBN 978-7-5727-0165-8

邮购：四川省成都市槐树街 2 号 邮政编码 610031
电话：028-87734035　电子信箱：SCKJCBS@163.COM

前　言

父母在养育7~9岁的孩子时，常常会遇到各种困惑和难题。比如：

孩子为何越来越叛逆？

孩子为何喜欢和大人对着干？

孩子出现攀比心理怎么办？

孩子为何不听话？

孩子为何与伙伴玩"性游戏"？

孩子爱撒谎，怎么办？

孩子不爱学习，怎么办？

······

像这样的困惑和难题数不胜数，父母常常是"按下葫芦起了瓢"，纷纷感叹："孩子真是太难教育了。"

俗话说，"世上没有教不好的孩子，只有不会教的父母"。由此可见，问题的症结并不在于孩子难教，而在于父母不会教。对于孩子的叛逆行为，很多父母总是习惯性地采取"硬碰硬"的方式，对孩子进行粗暴的训斥、打骂，而这样做的结果是：不仅没有起到应有的教育作用，反而让孩子的叛逆心理变得更加强烈。

比如，7~9岁的孩子爱和父母对着干，或许是他在博关注、博同情，孩子觉得只有用一些反叛的方式，和父母对着干、唱反调才能引起父母的注意，从而让父母给予自己更多的关心和爱护。而父母则往往以为孩子在胡闹，便大声地呵斥孩子、批评孩子，甚至打骂孩子，导致孩子十分委屈，同时这也是造成孩子叛逆的原因之一。

不可否认的是，虽然孩子的叛逆心理让父母头疼不已，但它不仅是孩子成长发育过程中的正常现象，而且还包含着一些积极的心理品质。因此，父母要正确对待孩子的叛逆行为。

鲁迅先生曾说："孩子的世界，与成人截然不同；倘不先行理解，一味蛮做，便大碍于孩子的发达。"教育孩子很关键的一点就是要走进孩子的内心，了解他们的心理，知道他们在想什么，遵循孩子的成长规律，有的放矢地进行教育。否则，就好比医生不会号脉或者号错了脉，开出的药方不仅不能治病，还有可能会使病情加重。而掌握了儿童心理学知识的父母，就像医术高超的医生，对症下药，药到病除。

鉴于此，本书结合心理学知识，以生动的案例，对7~9岁孩子的行为模式、不良心理、情感需要、沟通心理、伙伴交往、心灵成长、习惯养成、学习能力、安全教育、性格特征十大方面的叛逆行为，进行透彻的心理分析，并提出行之有效的解决方法，以帮助父母找到孩子叛逆的根源，解决孩子的叛逆问题，使孩子健康、快乐地成长。

希望本书能成为父母育儿路上的"金钥匙"，帮助父母破解孩子叛逆期的成长秘密，让父母更深刻地理解亲子关系，更全面、准确地把握孩子的心理特征，陪伴孩子顺利度过"儿童叛逆期"。

目 录

第一章　叛逆期来了，父母的麻烦也来了

　　7～9岁的孩子，正处于"儿童叛逆期"，这个时期的孩子让父母颇为头疼，他们不再是听话的孩子，而是开始出现"不讲理""唱反调""发脾气"等叛逆行为。事实上，这是孩子身心发育的正常现象。要知道，没有经历过叛逆期的孩子，不可能真正地长大。父母应该读懂孩子叛逆行为背后的心理需求，并运用智慧巧妙地化解问题，引导孩子走出叛逆期。

第二章 心理调适期，父母要深切关心孩子的心理状态

处于"儿童叛逆期"的孩子，会产生很多叛逆心理，包括虚荣心理、攀比心理、嫉妒心理等。父母要关心孩子的心理状态，懂得破译孩子的心理密码，了解孩子心理状态中隐藏的需求。只有了解孩子的心理状态和需求，才能有的放矢地运用更合适的教育方式。

第三章 7~9岁的孩子最需要什么

如果问父母："你知道孩子最需要什么吗？"相信大多数父母会这样回答："当然知道，孩子嘛，需要玩伴，需要玩具，需要零食……"这样的回答并非有错，但这只是孩子浅层次的需要。当孩子处于叛逆期时，他们的内心犹如一本五彩的书，书中写着他们的情感尊严、喜怒哀乐，等着父母去读懂它。父母要想引导孩子走出叛逆期，给予孩子真正的爱，就要读懂孩子的内心最需要什么。

第四章　如何说孩子才会听，如何听孩子才会说

成功的家庭教育，赢就赢在良好的亲子沟通上。因此，亲子沟通在家庭教育中就显得尤为重要。父母巧妙地说，孩子才会听；父母善于倾听，孩子才肯倾诉。要想与 7～9 岁的孩子进行有效沟通，父母首先应当懂一些亲子沟通方面的心理学知识，这样才能用恰当的语言，在自己和孩子之间搭起一座和睦沟通的桥梁，从而从孩子身上捕捉到有效的信息，找准教育的切入点。

第五章　人际关系——7～9 岁的孩子有了相对稳定的交际圈

良好的交往能力是建立良好人际关系的基础和前提。对于 7～9 岁的孩子来说，这一阶段他们的人际关系开始变得复杂，不再局限于家庭范围内。随着活动范围的扩大，他们有了更多的小伙伴，此时他们也开始意识到自己与他人的区别。儿童叛逆期是儿童社会化的重要阶段，也是儿童社会化的重要途径。那么，利用孩子这一阶段社交的关键期，让孩子学会与人相处、与人交往，培养孩子的交际能力，就成为家庭教育的重要一课。

第六章　性、网络——7～9岁的孩子是怎样想的

孩子到了"儿童叛逆期"，会出现"玩性游戏""恋父情结""恋母情结"等行为，这是孩子性心理发展到一定阶段的必然现象，是孩子形成性别观念和性别态度、产生相应性别行为的社会化教育过程，也是孩子形成健康人格的基础。父母要根据孩子的心理特点对孩子进行性教育，同时也要告诉孩子如何保护自己，防范性伤害。

7～9岁的孩子还特别容易痴迷网络，产生网瘾，因此父母要正确引导孩子玩手机、电脑等电子设备，帮助孩子远离网瘾。

第七章　习惯培养关键期，父母这样引导最正确

7～9岁是行为习惯的敏感期，这一阶段也正是培养孩子良好习惯的关键期。在此阶段养成各种良好行为习惯，将对孩子的一生影响巨大。父母们最好先了解孩子行为习惯背后的心理，再有的放矢地去培养，会取得良好的效果。

第八章　独立而执着，学习能力有了很大的提升

7～9岁这一阶段，也是孩子智力发展的加速期。在这一阶段，孩子的学习能力会有很大提升。父母要抓住这一时期，了解孩子的学习意图和动机，了解孩子内心的想法，从而利用心理学效应帮助他们端正学习动机，让孩子爱上学习、主动学习。

第九章　最"讨人厌"的时期，安全教育应放第一位

俗话说"七岁八岁讨人嫌，惹得鸡狗不待见。"说的是孩子在7～9岁时是最令人讨厌的，连鸡和狗都嫌弃。在这个年龄段，孩子由于活动意识增强，常常会做出一些没轻没重的行为，无视规则。这些行为往往会让孩子受到伤害，所以安全教育在这一时期就显得格外重要。父母需记住：安全教育，一定不是不厌其烦的叮嘱，也不是强制性的命令，而是通过孩子表面的行为去分析其背后的心理，然后做出具体的引导。

第十章　每位父母都能成为孩子最好的心理医生

　　父母对孩子的教育除了让孩子学习到文化知识和生存技能，还要时刻关注他们的心理健康。如果父母不掌握孩子的独特心理、不了解他们的成长困惑、不掌握一些打开孩子心门的心理学方法，那么父母很容易陷入"孩子调皮叛逆，父母气急败坏"的教育困境。每对父母都要成为孩子最好的心理医生，利用心理学，让孩子养成自信、勇敢、豁达、乐观的个性品质。

第一章

叛逆期来了，
父母的麻烦也来了

7~9岁的孩子，正处于"儿童叛逆期"，这个时期的孩子让父母颇为头疼，他们不再是听话的孩子，而是开始出现"不讲理""唱反调""发脾气"等叛逆行为。事实上，这是孩子身心发育的正常现象。要知道，没有经历过叛逆期的孩子，不可能真正地长大。父母应该读懂孩子叛逆行为背后的心理需求，并运用智慧巧妙地化解问题，引导孩子走出叛逆期。

7~9岁，让父母犯愁的"儿童叛逆期"

小学一年级是孩子人生生涯的一个新起点，但问题也随之而来。很多父母这样反映孩子的情况：

晨晨妈妈发现，上了小学后，晨晨突然就变得叛逆了。以前的他懂事又讲礼貌，非常听话，让做什么就做什么。现在动不动就胡搅蛮缠，脾气还特别急躁，稍微说两句就嫌唠叨，甚至摔门走人。

露露妈妈发现，露露在幼儿园时是个非常讨人喜欢的小姑娘，乖巧又可爱，可如今却越来越不听话了。在家里，作业不好好做，饭也不好好吃，特别爱唱反调，让往东，偏往西，责备两句，立马就顶嘴生气。妈妈实在想不通，为什么原本听话、懂事的孩子，上了小学以后会变成这样？

……

这些话反映出了很多父母的疑惑。大多数父母发现，孩子刚上小学，也就是7~9岁时，好像总是喜欢与自己作对、唱反调。这是为什么呢？

事实上，孩子的这些看起来胡搅蛮缠、任性的行为，大多是因为"儿童叛逆期"到来了。通常来说，孩子在成长过程中，一般会经历三个重要的叛逆期：

一是"宝宝叛逆期"，通常在2~3岁；

二是"儿童叛逆期"，通常在7~9岁；

三是"青春叛逆期"，通常在 12 岁以后。

其中，"儿童叛逆期"最令父母头疼，正如老话所说的那样："七岁八岁讨人嫌，惹得鸡狗不待见。"

从心理学的角度来说，7～9 岁正是孩子从幼儿过渡到儿童的关键时期。在这个阶段，孩子的自我意识不断增强，变得更有主见，也更爱反抗，不愿再听从父母的指挥，而更愿意按照自己的意愿行事。

"儿童叛逆期"是孩子成长的必经之路，也是很多父母感到最麻烦的阶段。面对孩子的种种叛逆心理和行为，父母往往不知所措：不管，怕孩子变本加厉；管多了，害怕激起孩子的叛逆。于是，"简直快被逼疯了"成为很多父母的口头禅。

事实上，父母大可不必自乱阵脚。当孩子处于"儿童叛逆期"时，他们的种种叛逆行为并非真的想和父母唱反调，更多的是出于内心的某种本能反应，是他们不断发展的自我意识在作怪。父母要想很好地与这个时期的孩子"和平"共处，就应该先了解和正确看待"儿童叛逆期"。

令人遗憾的是，大多数父母因为不了解孩子的心理特点，对待孩子的叛逆行为往往采取了错误的应对方式，所以不仅没有达到教育孩子的目的，反而挫伤了孩子的自尊心。

1. "儿童叛逆期"产生的原因

7～9 岁孩子之所以会产生强烈的叛逆行为，主要有以下两个方面的原因。

一是自我意识的增强。7～9 岁孩子的生活范围在逐渐扩大、探索能力在慢慢增强，他们发现自己能够控制的东西越来越多，渐渐从挑战大人的"权威"中体会到了"自我"力量的强大，这种新奇的体会促使他们越来越想摆脱父母的掌控。

二是好奇心的增强。7～9 岁正是孩子认识世界、了解世界、探索世界的关键时期。这个阶段的孩子喜欢刨根问底，容易被新鲜事物所吸引，对一切充满了好奇。越是不让他们碰的、不让他们做的，他们越想弄明白为什么不让碰、为什么不让做，就越是想碰一碰、做一做。

不论大人还是小孩，都易有这样的心理：越是不让知道的东西，越是想要知道；越是不让做的事情，越是想要做；越是得不到的东西，越是想要得到。孩子的意愿越是受到父母的反对，越是坚定地想要实现。最好的办法就是不要直接否定孩子的想法和决定，而把孩子当成大人一样，凡事都要跟他商量。

2. 正确地看待"儿童叛逆期"

在面对孩子的叛逆行为时，父母首先要明白，孩子的叛逆行为是他们在成长阶段所表现出来的自我意识的觉醒，并非孩子本身出现了问题。叛逆行为是孩子要求独立的表现，可以促进孩子独立性的形成。独立性对孩子的成长至关重要，它能够帮助孩子学会思考，形成对人对事的独特见解。意大利著名儿童教育家蒙台梭利说过："教育首先要引导儿童沿着独立性的道路前进。"

父母还应明白，"儿童叛逆期"的存在与孩子的心理发育特征是密切相关的。"儿童叛逆期"是孩子成长过程中必须经历的阶段，父母只有做好充分的思想准备和应对措施，坦然地接受孩子的叛逆行为，才能帮助孩子顺利地度过这个阶段。如果父母不了解这一阶段孩子的特点，总是粗鲁地打破孩子的成长秩序，那么只会导致孩子的反抗加剧，而且会使孩子幼小的心灵受到严重伤害。

面对7～9岁孩子的叛逆行为，父母最好的应对方式便是帮助孩子树立正确的价值观。每个孩子都是独立的个体，都有独立的人格和被爱、被尊重、被肯定的情感需求，父母在对待孩子的情感需求时，应该像对待成人那样给予充分的理解和尊重。面对孩子的不良行为，父母要充分考虑孩子的自尊心、情感需求和兴趣，尽量为孩子营造一个轻松、温馨的教育环境。

总之，解决孩子的叛逆问题，必须建立在爱和理解的基础上。7～9岁正是需要爱和关怀的年纪，父母一定要多花心思去揣摩孩子的行为，读懂孩子叛逆背后的心理需求，并运用智慧巧妙地化解问题，从而和孩子建立更和谐、更亲密的亲子关系。

"我不，我就不"——喜欢和大人唱反调、对着干

小文妈妈发现，正上二年级的儿子小文最近喜欢与大人对着干。比如，妈妈说晚上刷牙后就不能再吃东西了，可他不听劝阻偏要吃；早上天凉，让他多穿件外套，但他就是不穿；做作业时妈妈让他挺胸抬头，可他却偏偏要趴在桌子上写……

总之，妈妈嘱咐的事情，小文非但不听，反而故意唱反调。对此，妈妈也找小文谈过很多次，可小文每次都是一副不以为然的态度，说急了就大声回应"我就不听你的"。为此，妈妈很苦恼，不知道该怎样去教育小文。

当孩子处于7~9岁时，很多父母会发现，孩子变了，变得不再听话。你让他往东，他偏要往西；你说这个不能动，结果他就偏偏要去动；你越阻止他，他就越要和你对着干。父母每天听到最多的就是"我就不！""我就不听你的！"

最让父母生气的是，明明事先已给孩子说过不能做某事的缘由了，可孩子依然我行我素，一而再再而三地去挑战明令禁止的事情。

面对孩子这般"讨人嫌"的行为，父母不必过于愤慨，要先了解清楚这类行为背后的心理诱因。主要有以下两种情况。

第一种，博关注、博同情。孩子觉得只有用一些反叛的行为和父母对着干、唱反调才能引起他们的注意，从而让父母给予自己更多的关心和爱护。

第二种，对父母的要求不满意。有时，父母提出的要求超出了孩子能力所能承受的范围，或者与孩子的利益有冲突，那么就容易引起孩子的唱反调行为，他们想通过反抗来改变父母的决定，以达成自己所喜欢的结果。

既然了解到这是此阶段孩子正常的心理发育特点，那么父母就大可不必过多地去干预，只要没有危险或者没有对他人造成危害，就可以放手让孩子自己去做。也许做了一会儿，孩子觉得已经体验过了或者没意思了，就会放弃。相反，父母如果强行阻止，则可能会引起孩子产生"非做不可"的态度来反抗

你，借此表达强烈的自我意识和独立能力，这是"讨人嫌"的"儿童叛逆期"的典型表现。由于性格原因和所处教育环境的不同，每个孩子的叛逆期表现也不一样。有的孩子反抗会激烈一些，有的孩子反抗会平缓一些。

其实，孩子喜欢和大人唱反调、对着干也并非一无是处。在某些方面，它可以保持孩子的独立意识和提高孩子的思维能力，还可以让孩子在实践中激发大脑的创新能力，从而获得自信。因此，父母应包容、理解并分析孩子的这种行为。

那么，对于孩子"唱反调、对着干"的这种表现，父母该如何引导呢？

1. 按下暂停键，互相反省，找出解决问题的办法

曾经热播的电视剧《爱情公寓》中就有一些关于悠悠和关谷吵架的情节，他们在剑拔弩张的紧急关头就是采用"暂停""存档"的方法来缓和、化解冲突的，处理亲子关系时也可以借鉴这种方法。

> 周末，龙龙本来和妈妈提前约好要去动物园看动物的，但当天下大雨不方便出行，妈妈就不打算去了，便和龙龙商量下个周末再去。可是龙龙已经期待很久了，所以哭闹着不肯罢休，妈妈劝了好久都没用。于是，妈妈决定启用"暂停"键，先让各自冷静下，然后再解决问题。
>
> 半小时后，妈妈见龙龙情绪稳定一些了，便安慰他，并且向他保证下次天气好时一定陪他去。冷静下来的龙龙也想明白了，于是同意了妈妈的决定。

2. 再忙也要给予孩子关心与爱护

平时工作再忙，父母也要给予孩子足够的关心和爱护，多注意他们的情绪反应，多了解他们的思想动态。因为孩子唱反调、对着干的动机之一就是引起家长的关注，所以你对孩子的关心、爱护多了，孩子唱反调、对着干的行为也可能会变少。

"都怪你，都是你不好"——7～9岁的孩子特别不讲理

浩浩上小学一年级，他很聪明，学习上不让爸爸妈妈操心，但最大的缺点就是有时候很不讲理。

浩浩的妈妈是一名钢琴老师，因此她特意为浩浩买了一架钢琴，她在家辅导浩浩学钢琴，培养浩浩的音乐素养。有一次浩浩练琴时，妈妈发现他的指法有问题，就边示范正确指法边说："儿子，你刚才的指法错了，应该是这样……"浩浩却反驳道："我哪里又错了？你弹的就是对的吗？"妈妈被噎得说不出话来。

浩浩在做作业的时候，也经常会噎得妈妈哑口无言。有一次浩浩在练习写生字"品"时，妈妈觉得写得还不错，只是结构上不太对称，于是委婉地说道："浩浩，这个'品'字写得还可以，你再多写几遍给妈妈看看。"浩浩却不乐意了，说："我已经写了好几遍了，写得还可以，为什么还要写？"妈妈说："你这个字结构有点不对称，你可以再多写几遍。""那你还说我写得'还可以'！"顿时妈妈无言以对，不知如何解释。

浩浩不仅在练琴、做作业时是这样，在其他事情上也是如此。妈妈本来很耐心地教导浩浩，可是浩浩却有各种理由反驳，有时说急了就会大声叫道："都怪你，都是你的错！"对于浩浩的这种不讲理的行为，妈妈感到很无奈。

不只有浩浩妈妈，很多父母在面对孩子无理辩三分时，也常常会感到很无奈，有时只能用生气、斥责的方式终止孩子的纠缠不休。其实，7～9岁的孩子并不是不讲理，只是他们不能理解父母所讲的道理而已。

7～9岁的孩子思维不同于大人，他们有很强的自我意识，内心常常充满丰富又离奇的想法。他们眼中的世界并不像成人的那样完整，他们只能用自己认为正确的方式去探索世界，因此他们不能理解大人的想法。而大人们有

较强的理性思维能力，更多地会站在社会和家庭的角度思考问题，因此同样不能充分理解孩子的内心世界。所以有的时候，孩子眼中的大人也是"不讲理、不可思议"的。

除此之外，7~9岁孩子不讲理有时候也是有意为之。因为他们知道，父母不会把胡搅蛮缠的自己怎么样，而自己的要求也很有可能被父母满足。为了达到自己的某些目的，孩子会用"不讲理"这一招来对付父母。

具体到上面的例子，浩浩的无理取闹也事出有因。学钢琴、写字，被妈妈纠出错误来，浩浩感到挫败，妈妈一说就感到不悦。其实从心理学角度看，浩浩看似无理的反驳是符合7~9岁孩子的心理特点的，也可以说他的反驳行为是合乎情理的。

诚然，父母应该在孩子"不讲理"时，给孩子讲道理，但应该有技巧地去讲，这样才能被孩子接受。父母可以通过以下"三步走"的方式给孩子讲理。

第一步：接纳孩子的情绪

当孩子"不讲理"时，父母首先要做的是接纳孩子的情绪。这时，父母可以抱一抱孩子，告诉孩子你知道他现在的心情并且非常理解他，孩子就会信任你、亲近你，对你说的话也就不那么抗拒了。

其实，孩子刚开始或许仅仅是因为得不到想要的才不讲理，但是经过事情的发酵，孩子对于事物的情绪会转移到父母身上，会觉得父母拒绝是不在乎自己、不爱自己，于是便无理搅三分。此时，孩子的内心是很脆弱的，父母千万不能批评孩子，否则孩子的胡搅蛮缠会愈演愈烈。

第二步：安抚孩子的情绪

接纳孩子的情绪后，父母接下来要做的就是安抚孩子的情绪。父母可以抚摸孩子，并心平气和地告诉孩子这件事之所以不能做或者做错了的缘由。这时，孩子内心的不如意和委屈就会被你的爱安抚下来，然后才能平静地听你讲述。

第三步：与孩子沟通讨论，解决问题

当孩子感受到父母的安抚，并平复情绪后，父母就可以用引导的方式跟他沟通、讨论，应该怎么去处理这样的事情。比如，孩子玩了一局游戏后，

父母可以建议他暂时关闭手机或电脑，然后陪孩子玩亲子游戏，或者下楼骑骑自行车、看看小区的风景……让孩子的眼睛休息一会儿再去玩游戏，眼睛就不会那么疲劳。

孩子不讲理时，父母直接地讲一通道理是没有用的，尤其是在孩子情绪激动时，这样只能是他们抓狂和无助的催化剂。因此，父母首先应该让孩子冷静下来，然后再运用合理的方法去引导孩子，只有这样才容易让孩子接受。

父母只有理解孩子"不讲理"时痛苦的内心，才能更好地引导孩子走向讲理的"正道"，孩子才能不断地成长和进步，在成长的路上也会少些"胡闹"，多些理智。

"别惹我"——情绪不稳定，动不动就发脾气

8岁的小雷是一个脾气暴躁如雷的孩子，他很喜欢发脾气，不管在家还是在学校，大家都不敢轻易惹他。

有一天晚饭后，小雷和爸爸在下五子棋，父子二人你一步、我一步，玩得十分开心。在前面的较量中，小雷一直处于优势地位，眼看着就要赢了，没想到爸爸却临门一步，成功阻断了小雷的白棋，并最终转败为胜了。面对突如其来的失败，小雷气急败坏地冲爸爸吼道："你耍赖！本来赢的应该是我！"他边说边把棋盘打乱，将棋子扔到了地上。

爸爸对小雷突如其来的坏情绪非常不满，本想教育他几句，哪知小雷根本不给爸爸机会，爸爸的话还没说出口，小雷便把凳子一甩，大声叫喊道："别惹我！"然后跑到自己房间，关上了房门。

眼看着曾经乖巧懂事的小雷，变成了现在因为一点儿小事便大发脾气、根本控制不住自己情绪的小男生，小雷的父母非常着急。

他们不知道小雷的问题究竟出在哪里，更不知道该怎么教育他。

情绪是人与生俱来的，谁都会有，没有年龄之分。人们常说，六月的天，孩子的脸。孩子的情绪，正如六月的天气，说变就变。通常，孩子都是天真无邪、惹人喜爱的。但一旦他们不高兴了，就会变成折磨人的"小恶魔"，又哭又闹，乱扔东西，甚至打人。

对于7~9岁孩子来说，情绪不稳定、经常发脾气是很正常的现象。因为这个阶段的孩子，处事经验还不丰富，控制情绪的能力也很差，他们不可能像成年人那样，面对问题时能进行理智的思考。当他们受到挫折时，往往会通过发脾气来宣泄愤懑。

与此同时，7~9岁正是孩子独立意识、自我意识增强的关键时期，孩子的自主愿望会变得更强烈，要求也会增多。当他们的要求得不到满足时，他们便会拿起自己最有力的"武器"——发脾气，来帮助自己达到目的。

虽然7~9岁孩子发脾气是一种很正常的现象，但倘若孩子和上文案例中的小雷一样，常常因为一点儿小事就发脾气、控制不住自己的情绪，父母就必须要重视了。对于小雷这样的孩子，父母除了要尽量减少他们发脾气的诱因，更重要的是要教育他们保持理智、克制情绪。当发现孩子发脾气过于频繁时，父母首先应该反思一下是否给予了孩子良好的生活环境。

家庭环境对孩子的脾气有举足轻重的影响，如果一个家庭中父母有一方喜欢发脾气，那么孩子很可能会脾气暴躁；如果孩子从小在家庭暴力频发的家庭中长大，那么相比于其他成长于正常家庭的孩子，他们脾气暴躁的概率会更大。总而言之，家庭环境的影响是导致孩子脾气暴躁的重要原因之一。

那么，父母究竟该如何看待和对待孩子爱发脾气的情况呢？

1. 正确对待孩子发脾气，为孩子提供良好的家庭环境

无论对于大人而言，还是对于7~9岁孩子而言，发脾气都是一种正常的情绪宣泄。通常，当某件事情不能令孩子满意，或者引起了孩子的愤怒时，孩子便会通过发脾气的方式来表达自己的情绪。面对孩子的脾气，父母一定

要更加理性、客观，绝不能进行强制性的遏制，否则将适得其反，让孩子感觉压抑，甚至产生心理疾病。

正确的做法是，父母一方面要做好安抚工作，多倾听孩子的心声，找到孩子发脾气的原因；另一方面，父母应该根据孩子发脾气的原因有的放矢，帮助孩子解决问题，绝不能以暴制暴，批评、指责甚至打骂孩子。

此外，通过前文的分析我们已经知道了家庭环境对于孩子脾气的深远影响。为了避免孩子乱发脾气，培养孩子的良好性情，家长首先应该以身作则，在生活中避免争吵和乱发脾气，努力为孩子营造良好的生活环境，言传身教地去影响孩子，让孩子在耳濡目染中受到积极的影响。

2. 站在孩子的角度看问题

父母在教育孩子管理情绪时，要站在孩子的立场上考虑问题。在这一点上，父母可以学习《发现孩子》杂志上的一个例子。

因为玩具总是被抢走，所以孩子气不过，就打了抢玩具的孩子一巴掌，并拒绝道歉。此时，有些父母会把注意力放在孩子打人上面，责骂孩子。但这些父母忽略了一个重要前提，孩子打人的原因是玩具被抢了。

玩具对于孩子们的意义，不亚于一辆车对于大人的意义。反过来想一下，如果大人的爱车被别人划破了，是不是也会非常生气？

因此，在这个案例中，父母正确的做法应该是：

第一步，体谅孩子，弄清楚他生气的真正原因；

第二步，接纳孩子的坏情绪，并理解他生气的原因；

第三步，告诉孩子，生气是对的，但打人是不对的；

第四步，告诉他正确解决问题的方法。

在这四个步骤中，父母尤其要注重前两步。先处理情绪，后处理事情。在处理孩子情绪的时候，一定要站在孩子的立场上倾听和理解，引导孩子驱赶坏情绪，在孩子平静后，再用温和的语言教育他，这样才会取得事半功倍的效果。

3. 让孩子正确地表达自己的情绪

情绪的表达方式多种多样，可以委婉，也可以暴躁；可以直接，也可以间接。总起来说，暴躁和直接的表达方式往往没有委婉和间接的表达方式效果好。对于7~9岁孩子而言，改掉乱发脾气的坏习惯，学会用恰当的方式表达自己的情绪十分重要。

小强今年7岁了，父母发现他最近变得很爱发脾气。小强的父母非常担忧，很害怕他长成一个脾气暴躁的人。

为此，小强的父母专门查阅了相关资料，对7~9岁孩子爱发脾气的原因进行了详细的了解。通过学习，小强的父母明白了适当地让孩子宣泄不良情绪对孩子的身心健康是有好处的，但孩子宣泄情绪的方式一定要正确。为此，小强的父母专门总结了几种帮助孩子正确宣泄情绪的方法。

一是向别人倾诉。当孩子对某件事不满意时，首先要鼓励孩子向父母倾诉，对父母说出心中所想。在了解了孩子的想法后，父母应该给予孩子合理的建议或意见，帮助孩子有效地减轻心理压力，宣泄不满情绪。

二是用书写、绘画来表达。对于一些性格内向、不善表达的孩子，他们可能不愿意通过语言去和父母沟通，甚至不知道应该怎样沟通。父母可以鼓励孩子把自己的感受写出来或画出来，从而宣泄心中的情绪。

三是用运动来宣泄。当孩子受到不公平的待遇而愤怒时，父母可以引导孩子用拳头击打枕头、撕废报纸、大声怒吼、到室外跑步等方式来发泄心中的怒火。

在总结出这些有效的宣泄情绪的方式后，小强的父母将这些方法都运用到了对小强的教育中，在不同情况下让小强尝试不同的缓解情绪的方式。一段时间后，小强的脾气渐渐变得好了起来，控制情绪的能力提高了，性情也变得温和了许多。

小强的父母在处理孩子的情绪问题方面为我们做出了很好的榜样，值得我们学习。

当然，我们除了要像小强的父母那样，学会引导孩子通过多种途径去正确地宣泄心中的情绪，更重要的是要让孩子学会换位思考，从对方的角度考虑问题，减轻自己的怒气，学会用一种宽容、大度的方式来处理问题。

叛逆期里父母常出现的教育误区

正处于"儿童叛逆期"的孩子们，看问题通常比较偏执，他们更需要父母的关注、理解、尊重和引导。然而，并不是所有的父母都能做到这些。很多父母在面对孩子的叛逆行为时，因为缺乏了解，所以走进了教育的误区，不但没有正确引导孩子走出叛逆期，反而让情况变得更加严重。

为了让父母少走一些弯路，我们列举了这一阶段常见的三个教育误区。

误区1：唠叨式教育

唠叨式教育是很多妈妈的通病，也是一种不健康的教育方式。许多妈妈之所以会唠叨，正是因为她们信奉"我说得越多，尽的责任越大，孩子会越懂事"的观点，每当孩子的做法与她们的预期不相符合时，她们便会本着对孩子好的目的喋喋不休。

事实上，唠叨作为家庭教育的大忌，不仅不能取得良好的教育效果，还会让孩子产生逆反心理。唠叨通常带有埋怨、批评和指责的意味，在某种程度上代表着对孩子的轻视和否定，所以孩子一般都厌烦妈妈的唠叨。如果妈妈经常唠叨，孩子会在这种长期的被轻视和被否定中失去自信，对自己产生怀疑，也对妈妈产生更强烈的抵触情绪。

7～9岁正是孩子淘气的年龄，犯错在所难免。面对孩子的错误，父母应该保持一颗平常心，以温和的态度帮助孩子纠正错误，耐心地引导孩子往更好的方向发展，而不是以一种恨铁不成钢的姿态唠叨个不停。

误区2：过度呵护孩子

当孩子出现一些逆反行为后，有的爸爸或妈妈持有一种错误的观点，认为是自己对孩子照顾和关爱不够才导致了孩子叛逆。于是，这些爸爸或妈妈不但自己对孩子加倍呵护，全身心地围着孩子转，甚至要求自己的伴侣也和自己一样将全部注意力都转移到孩子身上。

事实上，对孩子的过度呵护是非常不利于孩子健康成长的，还有可能会致使孩子变得性格内向、不善言辞、不知道如何与他人相处，甚至产生社交障碍。过度呵护也会削弱孩子的生活自主能力，使孩子的行为能力发生退化，让本该长大的孩子总也长不大。

这世上没有不爱孩子的父母，但爱并不意味着要永远将孩子放在自己的羽翼之下。父母如果真的爱孩子，就应让他们趁早"张开翅膀，学会飞翔"。总爱为孩子包办代替的父母一定不要认为孩子还小，等长大了自然能学会独立。其实孩子自强自立的性格必须从小培养。如果父母在孩子小的时候不帮助其养成凡事自己动手的好习惯，等长大后再后悔就来不及了。

误区3：过度干涉

好奇和好动是孩子的天性，7~9岁孩子正是通过这两点去认识世界、理解世界的。有些父母认为，孩子年龄小，认知水平有限，自己如果不对孩子的行为进行把控，会让孩子处于危险的境地。于是，这些父母在日常生活中，对孩子的行为进行种种干涉和限制，通常教导孩子这个不能做，那个也不能做。久而久之，便禁锢了孩子的成长空间，束缚了孩子的好奇心，影响了孩子的个性发展。

在父母过度干涉下长大的孩子，通常胆小怕事、神经敏感，甚至容易产生极端心理。这样的孩子在外面被别人欺负后，也常常选择忍气吞声，这对孩子的身心健康成长都是很不利的。

因此，父母应该充分信任孩子，减少对孩子的干涉，陪伴并引导孩子去探索世界、认识世界，充分发掘孩子身上的闪光点，尊重孩子的成长规律。此外，父母对孩子的要求应该区别对待，正当合理的就给予支持和满足，错误的就给予积极的引导，切忌简单粗暴。

总之，家庭教育对 7 ~ 9 岁的孩子而言是至关重要的，父母应该多和孩子进行心灵上的沟通交流。面对孩子的逆反，父母应用积极的态度去引导孩子，用真诚和爱去帮助孩子戒掉不良行为习惯，培养孩子健全的人格和良好的道德品质。

没有经过叛逆期的孩子，不可能真正地长大

一篇讲述 8 岁孩子成长故事的文章——《少年》在朋友圈火了一阵子。

一个刚满 8 岁的孩子非常叛逆，经常和父母对着干、逃学、和同学打架等。一天，父亲和孩子谈心，问他叛逆的原因。孩子告诉父亲，他觉得自己已经长大了，不再是家长操控的棋子了，他需要拥有自己的生活，要去寻找自我。

听完孩子的话，父亲沉默了。过了许久，他问孩子："你打算怎么做呢？"

孩子说："我要自己生活。我长大了，完全可以照顾自己了。"

父亲从钱包里掏出了 200 元钱递给孩子，说："那你去吧，我和妈妈在这里等你的好消息。"

孩子拿着钱头也不回地离开了家门，开始了寻找自我的旅程。父亲也跟着出了门，偷偷躲在孩子后面。

孩子先是去游乐厅玩游戏，在那里，他远离了老师和父母烦心的唠叨——当然也远离了父母片刻不离的嘘寒问暖。接着，孩子又去西餐厅大吃了一顿，并买了一辆心仪已久的玩具汽车。很快，200 元钱便花完了。

身无分文的孩子有些害怕，他想回家，但是一想到回去可能会遭到父母的指责甚至嘲笑，他又不敢回家。就这样，又困、又饿、又累的孩子在大街上漫无目的地晃悠。冷风袭来，冻得他瑟瑟发抖，他非常想念家里的温暖，想念爸爸妈妈。此时，他才明白了他之前的生活有多幸福。

孩子终于熬不住了，拨通了爸爸的电话。爸爸在电话里平静地对他说："如果找到了你要的东西就回来吧。"那一刻，孩子泪如雨下。

这个故事，或许只是一个 8 岁孩子成长路上很平常的某件小事，但它能够带给所有父母关于孩子成长的启示。孩子长大的过程，正是一个从叛逆到理解的过程。

很多父母因为 7 ~ 9 岁的孩子的叛逆问题而头疼不已，试图找出各种办法来改变孩子的叛逆。事实上，孩子的叛逆是一把双刃剑，如果父母把握得当，将使孩子一生受益；如果父母把握失误，将对孩子造成不可逆的伤害。

要想更好地把控孩子的叛逆，首先要弄清楚孩子为什么会叛逆。

一般来说，7 ~ 9 岁的孩子正处在身心发展的关键期，他们渴望被大人们认同，渴望通过叛逆来告诉世界"我已经长大了"，渴望用种种叛逆的行为来摆脱父母的"操控"，按照自己的意愿生活。于是，叛逆就像一颗充满力量的种子，埋进了孩子尚不成熟的思想里。

正如毛毛虫不经过破茧而出就无法变成美丽的蝴蝶那样，叛逆也是孩子成长路上的必经阶段。没有经过叛逆期的孩子，不可能真正地长大。然而，大多数父母在对待孩子的叛逆时，并不会像对待毛毛虫那样宽容，对他的挣扎给予同情，对他的成长给予期待。父母更多的是苦恼和害怕，生怕孩子的叛逆影响他们的成长，背离成人世界的既有秩序。

父母首先必须明白孩子的叛逆正是对束缚和限制的一种反抗。这种束缚和限制，既来源于他们本身就有的生理与心理，更来源于周围人的刻意营建。

在孩子更小一点的时候，他们可能无法意识到这种束缚与限制，即使意识到了也没有反抗的能力。但是当孩子长到 7～9 岁时，他们渐渐拥有了认识世界的能力，拥有了更强的自我意识，便不愿再忍受这种束缚和限制，采取各种办法去反抗和挣扎。事实上，他们并不清楚，成人的限制通常是严密和牢不可摧的，以他们目前的力量根本没办法完全挣脱束缚。在这种情况下，孩子就会承受痛苦、感觉迷茫，会想要迫切地证明自己的存在。于是，孩子们的种种叛逆行为便表现了出来。

对大部分家庭而言，孩子叛逆的根源，大多来源于父母过度呵护所演变而来的控制与压制。害怕孩子吃苦受罪，不允许孩子走弯路，替孩子作决定，是父母们普遍的做法。这种看似善意、温柔，实则为变相束缚的过度呵护行为，会让孩子们在成长中感到无所适从。

因此，父母在指责孩子叛逆、不听话的时候，更应该认真地反思一下自己。看看自己是不是在某些方面对孩子造成了束缚，是不是没有给孩子足够的空间和理解。叛逆并不可怕，也并非不能原谅、无法改变，父母要做的是帮助孩子，而不是让他们远离父母、远离家庭。

所以，父母要多观察在"儿童叛逆期"的孩子，多和孩子交流，多站在孩子的立场上想问题，多了解孩子真实的心理活动。具体来说，父母可以从以下两方面着手。

1. 彻底放下"父母"的架子

父母常常不能接受自己正处于叛逆期的孩子对自己的顶撞，他们因此而对孩子又爱又气。事实上，7～9 岁孩子已经有了自己独立的思维能力，已经不愿意再按照父母的指令生活。在面对这个年龄段的孩子时，父母不要总是企图通过各种高压手段来迫使孩子听话，那样只会加剧孩子的反抗，起不到任何积极作用。

时代在变化，孩子也在成长，7～9 岁孩子之所以叛逆，一定有他们叛逆的理由。父母必须记住，"强权"解决不了问题，更无法抚慰孩子叛逆的心。父母要想解决孩子的叛逆问题，首先必须放下"父母"的架子，站在孩子的立场想问题，通过对孩子的关心和与孩子的交流，去找出孩子叛逆的理由，从而有针对性地解决问题。

2.要少说多听

父母面对孩子的叛逆时，尽量做到少说多听。一方面，说多了就容易变成唠叨；另一方面，相比于唠叨的父母，7~9岁孩子更喜欢愿意倾听的父母，当父母认真地听孩子说话时，会给孩子一种充满力量的无形支持。当然，父母在听孩子说话时，需要给一些简单的回应和简单的评说。

总之，没有经过叛逆期的孩子，不可能真正地长大。父母要肯定孩子，接纳孩子的叛逆，允许孩子按照自己的想法去做自己喜欢的事情，作为孩子人生的引导者，父母的教育应该是"润物细无声"的，能够给予孩子前进的力量，让孩子自己去经历，去决断，从而坚定其内心的声音，坚定人生的航向，只有这样，孩子才能快速地成长起来。

第二章

心理调适期，父母要深切
关心孩子的心理状态

处于"儿童叛逆期"的孩子，会产生很多叛逆心理，包括虚荣心理、攀比心理、嫉妒心理等。父母要关心孩子的心理状态，懂得破译孩子的心理密码，了解孩子心理状态中隐藏的需求。只有了解孩子的心理状态和需求，才能有的放矢地运用更合适的教育方式。

虚荣心理——"我要买名牌鞋子"

轩轩今年 8 岁，读小学二年级，他的父母都是普通的工人，家庭条件一般。在吃穿用度方面，父母尽量给他买的都是质量不错的东西，希望给他提供一个很好的成长环境。可是，自从上小学后，父母发现轩轩变得越来越爱慕虚荣了。

具体表现为：他要求自己的衣服、鞋子，甚至书包都是名牌。当他把这些名牌衣服、鞋子穿在身上时，脸上总是一副得意扬扬的样子，不停地向身边的小伙伴强调，他身上所有的东西都是名牌的。

轩轩不仅在衣着上要求名牌，他的零花钱也是水涨船高。自从读小学后，轩轩每周的零花钱都不低于 200 元，碰到节假日、过生日，每周的花销更是达到 400 元以上。对此，父母跟轩轩沟通，让他不要这样大手大脚，告诉他穿名牌也不是他这个年龄段该有的行为。可是每次轩轩都会振振有词地说："同学们都穿名牌，我为什么不能穿？"

每当听到这话，父母都会被噎得说不出话来，只能背后发一声感叹："这孩子怎么变成这样了？"轩轩如此爱慕虚荣，真让父母伤透了脑筋。

其实，不只有轩轩的父母，很多父母都有这样的苦恼。现如今，这样的案例比较普遍。有的孩子嫌弃父母穿着打扮不体面；有的孩子总是要求父母给自己买名牌服装；有的孩子嫌弃父母没有车，不让父母去学校接自己放学……这些行为都源于孩子们的虚荣心理。

所谓虚荣心理，就是争强好胜、盲目攀比，事事不愿落于人后的一种不良心态。通常来说，7～9岁孩子的虚荣心理主要表现在以下三个方面。

第一，比漂亮。这方面女孩更为明显。比如，看见别人穿了漂亮的新裙子，也要妈妈给自己买；穿了双新买的公主鞋总会忍不住伸出脚给别人看。

第二，炫富。总是在同学面前炫耀自己家的豪车、自己坐过飞机、出过国等体现出财力的事情。

第三，比"能"。总认为自己是"天才"，什么都会，把"这么简单""这有啥，我早就会了"等话语挂在嘴边。而且只能接受赞扬，受不得批评。

每个人都会有虚荣心理，只是程度的轻重不一样。所以，当7～9岁孩子出现虚荣心理时，父母不必大惊小怪。从积极的角度来说，父母应该感到欣慰，这说明孩子希望别人看到自己好的一面，认可和称赞自己，适度的虚荣会转化为孩子积极进取的内在动力。7～9岁孩子的虚荣心大多出于单纯而强烈的不服输的心理。所以，父母应该以宽容之心对待孩子的虚荣心理。

虽说7～9岁孩子产生虚荣心理是正常现象，但是过度的虚荣，必然会影响孩子的身心健康。因为7～9岁正是孩子成长发育的关键时期，此时他们缺乏较强的分析、判断能力和自我调节能力，自尊心也比较脆弱，因此很容易在虚荣的攀比中失去自信，产生自卑心理。

所以，父母应该扼制孩子虚荣心的膨胀势头，将虚荣心向积极的方向引导，使其转化为自信心、上进心。否则，过度的虚荣会成为孩子成长路上的绊脚石，让孩子难以形成正确的价值观。

那么，如何才能使孩子的虚荣心理不再继续膨胀，而是转化成为孩子成长中的动力呢？

1. 父母不要为孩子提供滋生虚荣的养料

父母的言行往往对孩子有不可估量的影响。每当父母在抱怨孩子追求名牌时，是否想过自己时常在网上"剁手"购物，逛街时名牌不离口；是否想过自己时常在孩子面前讨论谁家又换了豪车，谁家又出国度假了？所谓"言传身教"，父母不妨从现在开始以身作则，控制自己嫌贫爱富以及无意识的虚荣言论和行为，应当给孩子做出好的榜样，培养孩子正确的价值观以及内在的气质和涵养。

2. 巧妙满足孩子的虚荣心

孩子的虚荣心也是一种竞争意识的体现，可以激发他们积极上进。父母可以巧妙地满足孩子的虚荣心，给孩子创造一些"出风头"的机会，让他们感受到成功的喜悦，可以激励他们努力做得更好。

比如，孩子在学英语口语时，父母可以这样跟他说："妈妈的英语都忘得差不多了，只能拜你为师，从头学起了。"虚心地向孩子学习英语，孩子为了当好妈妈的英语老师就会努力地学习。在给妈妈讲解英语的互动过程中，孩子的虚荣心会得到满足。

3. 利用"迂回战术"，循循善诱

父母应在日常生活中留心观察孩子的言谈举止，并及时发现孩子的心理变化，避免孩子正常的虚荣心发生质变。当孩子出现抱怨父母让自己在同学面前没面子，总是对衣着、用品等有诸多挑剔行为时，父母就要注意了，这是孩子的虚荣心正在向过分爱慕虚荣发展的信号，此时父母不妨采取"迂回战术"，循循善诱地引导孩子。

父母可以温柔平和地跟孩子交流沟通，聊天的过程中可以跟孩子讨论班里哪些同学学习成绩好，他们的父母都是做什么的，同学们喜欢你吗，你觉得爸爸和妈妈分别有什么优点，××的爸爸虽然开公司挣大钱但没时间陪××，但你的爸爸经常会跟你一起打篮球，等等。

聊天的过程中孩子的内心会受到启发，明白同学不会介意自己的父母是做什么工作的，他们是因为自己的表现而喜欢自己。同时也会明白：无论父母的职业是什么，他们爱自己的心是不容置疑的；不管是不是一身名牌，只要和父母在一起就很开心，同样也会让人羡慕。迂回的提问、交流方式，既能向孩子表明父母的想法，也能让孩子欣然接受父母的引导。

总之，每个7~9岁孩子都会或多或少地出现虚荣心理，父母只要能正确地引导，站在孩子的角度看待问题，循循善诱，就能"化腐朽为神奇"，将孩子的虚荣心引向正确的方向。

攀比心理——"他们有，我为什么不能有？"

　　周五时，妈妈去学校接迪迪，发现他闷闷不乐。经过细问才知道，原来班里的很多同学换了高档的文具盒。提起高档的文具盒，刚才还满脸愁云的迪迪马上多云转晴，眉飞色舞地向妈妈描绘了这样的文具盒如何高级。妈妈从迪迪眼睛里闪烁的兴奋光芒中，读懂了迪迪对这款文具盒的喜爱和渴望。

　　果然，迪迪向妈妈介绍完毕后，立马便提出自己也想要一个同样的文具盒。妈妈告诉迪迪，他的文具盒才仅仅用了两个月，并不需要换新的。迪迪立马大声反驳道："别的同学都有，我为什么不能有？"说完气鼓鼓地丢开妈妈的手，不理妈妈了。

　　看着迪迪理直气壮的样子，妈妈不知所措。她想不明白，从前乖巧懂事的孩子，为什么上小学后学会了攀比？

　　事实上，迪迪并不是一个特例，攀比已经成为7～9岁孩子中的普遍现象。大多数妈妈都有过类似的经历：孩子看到别人买了一个新玩具，他们也想要一个；看到别人买了一件新衣服，他们也想买一件……

　　许多父母在面对孩子的攀比行为时，显得十分被动，他们既不愿意助长孩子的攀比行为，又不知该如何合理拒绝孩子的要求。造成这样的情况，往往是由于父母对孩子的攀比心理缺乏充分的了解和正确的认识。

　　从心理学上来说，攀比心理是一种争强好胜、不甘落于人后、物欲强烈的综合反映。当孩子因为别人拥有什么而自己也想要拥有的时候，他其实并不一定是真的需要，而只是因为"别人有"，觉得自己理所当然地也应该拥有，甚至要比别人的更好。

　　攀比心理的产生，与孩子心理发展的特点密不可分。7～9岁的孩子，心理和智力都尚未发育成熟，对事物的辨别能力较差，很容易受其他同伴的影响。同时，7～9岁又是孩子表现欲望强烈的年龄段，他们渴望被关注，在孩子们单纯的世界里，有趣的玩具、好看的衣服、别人的奖励，都是能够吸引别人注意的工具。此外，7～9岁正是孩子告别幼儿园、初入小学的年纪，学习成了孩子们的主要活动，学习成绩成了衡量孩子优秀与否的重要标准，学习能力上的差距在一定程度上对孩子的攀比心理起到了刺激作用。

对于尚不能对事物做出客观判断的7～9岁孩子来说，攀比心理的出现往往是一种危险的信号，它容易让孩子在攀比中磨灭自信，甚至养成冷酷、善妒的不良习性，从而影响孩子的心理健康。但是，事物都具有两面性，攀比心理的存在也反映出了孩子的竞争意识在增强，如果父母引导得当，对孩子的成长也会产生积极作用。

这里提供三种引导方法，供父母借鉴。

1. 父母首先从自身做起，杜绝攀比

"望子成龙、望女成凤"是中国父母的典型心理，为了不让孩子输在起跑线上，父母往往对孩子的成长给予过高的期望。在这种心理的驱动下，父母总是不自觉地拿自己的孩子和别人家的孩子进行比较，试图通过这样的方式促进孩子的进步，"你看看人家的孩子……"就成了父母经常挂在嘴边的口头禅。

当父母拿自己的孩子与别的孩子作比较时，不仅会让孩子变得自卑、叛逆，还会在不知不觉中教会孩子"攀比"。所谓"言传身教"，父母的行为往往会潜移默化地影响孩子，要想正确引导孩子的攀比心理，父母应从自身做起，杜绝消极的攀比行为。下面的例子或许能带给父母们更深刻的启示。

一对夫妻很爱攀比，妻子经常当着孩子的面抱怨自家的房子没有××家的漂亮，自家的车子没有××家的舒适，她甚至不止一次地责怪丈夫挣钱太少，不能让她过得更风光。

有一次，这个妻子去接孩子放学。一路上，孩子情绪都很低落。妻子刚一问起缘由，孩子便大声嚷道："我同学的父母都换豪车了，你还开着这辆小破车来接我，真给我丢脸。"

你瞧，这个例子中的孩子，就是在长期的耳濡目染中学会了妈妈的爱攀比。

家庭是孩子最重要的受教育场所，孩子的健康成长离不开父母的言传身教和正确引导。当孩子进行攀比时，父母首先应该扪心自问，自己在日常生活中是否存在攀比心理，是否常拿别人家和自己家作过比较，是否在孩子面前流露过对别人家孩子的羡慕……

除了上面列举的行为，还有一种可能导致孩子攀比的行为值得父母们注意：有些父母过分疼爱自己的孩子，见不得孩子受一丁点委屈，别人孩子拥有的东西，想方设法也会让自己的孩子拥有。这种做法往往会让孩子形成"别人有的东西我也应该得到"的错误认识，而且这也是导致孩子攀比行为的主因。

"父母是原件，家庭是复印机，孩子是复印件"已不再是教育新论，这种说法虽然有些偏颇，但却形象地道出孩子出现攀比心理的根本原因在父母身上。

2.用"反攀比"的方式去引导孩子的攀比行为

"别人都有，所以我也应该有"，这种心理是 7 ~ 9 岁孩子在进行攀比时的典型心理状态。当孩子产生这种心理时，一个行之有效的应对办法就是运用"反攀比"的方式去积极地引导。

比如，当孩子和妈妈说"我的同学穿的都是名牌"时，妈妈可以告诉他："虽然你穿的不是名牌，但是你的衣服上面有小汽车，是最酷的，也是最适合你的啊。"

经妈妈这么一说，孩子可能会觉得有道理，从而改变自己的想法。

3.帮助孩子改变攀比方向

前文说过，攀比心理也从侧面反映出了孩子的竞争意识，代表着孩子想要超越别人、达到更高水平的愿景。这种心理如得到好的引导，也可以使其发挥积极的作用。当孩子表现出竞争意识时，妈妈可以把孩子的攀比方向从吃喝玩乐等消费层面转移到学习、教养和习惯上。

比如，当孩子回家后和妈妈说"某某同学的爸爸是领导"时，妈妈可以告诉他："你的爸爸虽然不是领导，但是有很多时间陪伴你。而且爸爸是不是领导并不妨碍他对你的爱。"

再比如，当孩子和妈妈埋怨老师总是表扬某个同学时，父母可以和孩子一起分析这个同学身上的优点，并且告诉孩子，老师之所以表扬他，是因为他自身具有的这些优点，从而引导孩子去学习同学的优点。

此外，培养孩子的兴趣爱好也是转移孩子攀比心理的有效途径。父母可以引导孩子多接触音乐、美术、文学、自然、历史等各方面的知识，广泛培养他的兴趣。当孩子感兴趣的事情多了以后，他的注意力自然就转移了。

总之，懂得心理学的父母不会任由孩子的攀比心理肆意生长，他们更愿意对孩子的攀比行为给予充分的理解和正确的引导，帮助孩子树立正确的价值观。

嫉妒心理——"他/她哪儿比我强啊？"

8岁的桐桐是一个漂亮可爱的小女孩，她有一个比她小2岁的弟弟。桐桐非常喜欢弟弟，好吃的、好玩的经常和弟弟一起分享，俨然是一个懂事的小姐姐。唯一美中不足的就是，桐桐的嫉妒心有些强。

她自己可以把东西分享给弟弟，但如果大人先给弟弟东西，而不是先给她时，她就会大吵大闹，说大人偏心。如果爸爸妈妈夸奖弟弟时，没有夸奖她，她就会把以前给弟弟的玩具全部收回来扔到门外，并大声对爸爸妈妈说："你们都喜欢弟弟不喜欢我，他哪儿比我强？"

桐桐的嫉妒心也表现在与好朋友的相处上。桐桐有一个非常要好的朋友叫木木，两人经常一起上下学，一起写作业。有一次考试时，成绩一直很好的桐桐考砸了，而木木却发挥正常，超过了桐桐。恰巧在选举班委时，桐桐落选了，而木木却成功入选班委。看到木木一脸得意的样子，桐桐心里很不是滋味，在家里对妈妈说："我再也不和木木做好朋友了，为什么她能入选班委，我却不能？她哪儿比我强？"为此，桐桐不再和木木一起上下学，对木木的热情也不理不睬。从此以后，放学的路上再也看不到她俩手拉手的身影了。

妈妈心里不禁有点儿担忧：才8岁的孩子，嫉妒心怎么会这么强呢？

所谓嫉妒心，就是当一个人的欲望得不到满足而对造成这种现象的对象所产生的一种不服气、不愉快、怨恨的情绪体验。

从儿童的心理发育特点来看，嫉妒是一种原始的情绪，也是一种从婴幼儿时期便表现出来的自然的情绪反应。随着孩子年龄的增长，孩子间相互比较的机会增多了，更容易受到外界的刺激，嫉妒心理也会表现得更明显。

虽然孩子的嫉妒心是一种正常心理，但如果过于强烈，就会影响孩子的理性判断能力，容易使孩子产生偏见以及怨天尤人的思想，从而对孩子的人际交往产生不良的影响，需要引起父母的重视。

要想扭转孩子的嫉妒心，父母首先需要弄清楚这一阶段的孩子都会因何而产生嫉妒。原因主要有以下三点。

第一点，别人拥有自己喜欢的东西。如果身边的同学拥有一件东西，恰巧是孩子很想要却一直没能得到的，孩子就容易心生嫉妒。

第二点，满足不了父母对自己的期望。当父母对孩子期望很高时，不自觉地总是拿孩子和别的孩子做比较，在这种比较中孩子容易产生嫉妒。

第三点，在集体中遭到冷落。当孩子在集体中默默无闻，被冷落时，会容易产生失落感，嫉妒那些受欢迎、人缘好的同学。

7~9岁的孩子通常敏感又脆弱，父母在对待孩子的嫉妒心时如果处理不当，很容易会伤害到孩子的幼小心灵。当发现孩子存在嫉妒心时，父母首先应该采取的措施是动之以情、晓之以理，告诉孩子嫉妒心不是一种积极的情绪状态，如何控制住它是很考验智慧的。父母要让孩子了解到，如果不加以控制，任由嫉妒心发展下去，那么它带来的危害很大。嫉妒可能变成一种怨恨，而怨恨会让自己不快乐，也可能会伤害到别人。

一般情况下，对于孩子的嫉妒心，父母可以通过一些技巧巧妙地化解。以下几个方法或许可以帮助正为孩子的嫉妒心发愁的父母。

1. 学会欣赏孩子的优点，拒绝攀比要从妈妈做起

在日常的生活中，妈妈要避免拿自己的孩子和别人家的孩子进行攀比，尽量不要谈及"你看××家小孩都会背唐诗了"等话题。这些攀比，都会潜移默化地在孩子幼小的心灵里埋下嫉妒的种子。妈妈应该学会欣赏自己的孩子，并正确引导孩子去欣赏和学习别人的优点，而不是嫉妒。妈妈可以经常告诉孩子，"××拼图很好，××画画不错，不过你也不差，你们都很棒！"而不是一味地拿孩子的短处去和别人家孩子的长处做比较。

2. 多鼓励、赞赏孩子，增强孩子的自信

孩子嫉妒心强的一个重要原因是缺乏自信。父母在平时的生活中，不要打击孩子的自信，诸如"算了，你反正也不会做"之类的话是一定不能说的。当父母在无意中否定孩子的时候，孩子就会产生自卑心理，觉得自己很没用。当孩子变得自卑后，就很容易去通过贬低别人来追求内心的平衡，从而产生嫉妒心。

父母应该以欣赏的眼光看待孩子，多鼓励、赞扬、肯定孩子，让孩子看到自己的闪光点，增强孩子的自信心。当然，鼓励和赞扬也要适度、要得当，不能夸大其词，否则容易让孩子变得骄傲。一般来说，在赞扬孩子时，应该针对具体的事情。比如，对他说："你今天都学会帮妈妈择菜了，而且择得很干净，真让妈妈高兴！"孩子会在父母的肯定中变得更阳光、更自信、更平和地看待他人的成功，并且相信只要自己努力，也能取得相应的成功。

3. 倾听孩子的心声

孩子产生嫉妒心的另一个重要原因是无法实现自己的愿望。父母在面对孩子的嫉妒心时，不要盲目地进行评判教育，最重要的是要冷静下来，多和

孩子交流，倾听孩子的心声，打开孩子的心结，理解他们因为愿望无法实现而产生的失落和失望，并帮助他们及时缓解因嫉妒而产生的不良情绪。

4.利用嫉妒心，化不利为有利

孩子的嫉妒心也并非只有坏处，它是一把双刃剑，利用得好，也能促进孩子的发展，变成激励孩子的动力。嫉妒心强的孩子可能有更强的自尊心和好胜心，父母需引导孩子明白要想超越别人应该付出努力而不是去嫉妒，把孩子的好胜心引向积极的方向。

执拗心理——"我就是要这样做"

8岁的茜茜今年上小学二年级，一直以来她的脾气都比较倔强，不知道为什么，最近变得更加倔强了。只要是她认定的事，不管对错，谁都不能改变她的决定。妈妈说她一句，她就顶十句，假如她抓住一点儿理，那么必定会反驳得你哑口无言。

有一次，妈妈想给茜茜买一件浅色的裙子，因为夏天穿浅色的会比较凉快。可茜茜偏不听，就要买一件深色的。最后，拗不过她，妈妈只好给她买了件深色的。可就算是这样，茜茜还是不高兴，小嘴噘得老高。

还有一次，茜茜正在做一道数学题，妈妈看出她的算法不正确，刚准备给她指出时，却被她用话顶了回去。茜茜用自己的算法，算来算去都不对，妈妈把正确的算法告诉了茜茜，可是她根本不领情，还很不服气地对妈妈说："我就是要按我的算法做。"

对此，茜茜妈妈很无奈，不知道该用什么样的方法才能改变茜茜执拗的性格。

有些孩子执拗起来，连父母都无可奈何。比如，在商场时，孩子想要买玩具，父母不同意，孩子就立刻号啕大哭，把嗓子都哭哑了；吃饭前，孩子想要吃零食，父母不同意，孩子就站在那里不停地吵闹，最后连饭都不吃了。在这种情况下，父母一般采取的都是"一哄、二骂、三打"，外加威逼利诱，可最终也只能起到短暂的效果，有时还会出现副作用。

"对成人而言，儿童的心灵是一个难解之谜。我们应该努力地探寻隐藏在儿童背后的那种可理解的原因。没有某个原因、某个动机，他就不会做任何事情。"意大利著名教育学家蒙台梭利的这句话正好说明父母要想解决孩子执拗的问题，就必须先了解孩子执拗背后隐藏的心理秘密。那么孩子执拗的原因究竟是什么呢？

第一，与早期家庭教育不当密切相关。如果父母给予孩子的关爱太多，特别是在孩子小的时候，无论孩子有什么要求、要求是否合理，都有应必求。以至于孩子形成了"只要我想要什么，都可以得到"的错误认知，一旦要求没有被满足时，就会哭闹不止，以此来要挟父母。此时如果父母答应了孩子的要求，也就助长了孩子执拗的气焰。

第二，孩子进入"执拗敏感期"。7～9岁孩子，其自我意识和主观意识在不断地发展、增强，喜欢用"不""我就要"等带有主观色彩的语句，这说明孩子已经进入"执拗敏感期"。

孩子进入7～9岁这个阶段后逐渐拥有了更加独立的思想和独立的愿望，希望进一步脱离对父母的依赖。比如，吃饭、穿衣、到外面玩等这些事情孩子都想自己做主，不想再听从父母的安排。他们认为自己什么事情都可以做，也有能力做，不再需要父母的帮助，并且也希望父母可以理解自己内心的想法。但由于孩子思维能力有限，表达能力有限，所以对有些问题不能做出正确的分析和判断，也无法与父母进行有效的沟通，因此，常常用发脾气来表达内心的委屈和失望。

执拗敏感期是7～9岁孩子独立意识凸显最强烈的阶段，从心理学角度来说也是孩子心理发展的正常阶段和必经阶段。当孩子进入执拗敏感期后，只要其"自我服务"不偏离"自我意识"，孩子的执拗行为就会自然消失。那么，父母究竟应该怎样帮助孩子、引导孩子顺利度过这一特殊时期呢？

1. 对于孩子的固执不要一味压制

一般情况下，喜欢自己做主、不轻易妥协的孩子，长大后其性格会更独立、自信和坚强。对于孩子的固执，父母不要一味地压制，可以适当让他自己做主。比如，有的事情父母认为以孩子目前的能力还无法胜任，但孩子却执意想做，在确保安全的情况下，父母不妨让他去尝试。等他尝试后，发现自己并不是无所不能时，他还是会回来寻求父母帮助的，此时，父母只需要多一点耐心加以讲解就可以了。假如孩子的固执是不合理的，那么父母最好暂时不要理睬孩子，等孩子平静下来后再和他讲道理。

总之，父母要学会期待，并给予孩子足够的耐心和时间，让他们放心大胆地去尝试，哪怕失败了，孩子也可以从中总结经验，期待下一次成功，在充满体验的乐趣中度过执拗敏感期。

2. 转移注意力，寻找替代目标

当孩子处于执拗敏感期时，父母最好不要采用硬碰硬的方式去对待孩子，而要给予孩子更多的爱、关照和足够的耐心，采取安抚和适时变通的方式，通过巧妙地诱导、拥抱等方式转移孩子的注意力，寻找替代目标。

需要提醒父母的是，不能用打骂来限制孩子任性的行为、迫使孩子听话，要知道，打骂对孩子的身心发展是极其不利的。

3. 对于孩子固执带来的后果不要讽刺，要帮助

当孩子做不好事情又回来寻求父母帮助时，父母千万不要讽刺他说："都说了你做不了吧？看看，果然不行吧。"此时父母应该温和地告诉他："没关系的，我愿意帮助你。"这样看似简单的话语却能让孩子明白，在自己能力有限时，请求别人的帮助不是坏事。而学习的过程就是从不会到会的过程，孩子只有认识到这一点，才能在未来的学习、生活中学到更多的东西。

总之，孩子的成长也是其心理的成长，父母全身心的陪伴会帮助孩子顺利度过执拗敏感期。

依赖心理——"妈妈，你帮帮我"

"妮妮，都快9点了，还不快去刷牙睡觉，不然明天早上起不来，上学又要迟到了。"妈妈催促妮妮。

"我不要去刷牙，我的牙齿很干净。"妮妮把一块巧克力放进嘴里，然后不情愿地说道。

一旁的爸爸黑着脸说道："才吃了巧克力还说牙齿干净？还不赶紧去刷牙，一会儿睡觉！"

妮妮站在卫生间门口踌躇，就是不进去。

妈妈看到妮妮的迟疑，随口说道："你把灯打开，就不会黑了，去吧。"

妮妮很为难地看着妈妈说："我，我不想去，我就是不想一个人去刷牙。"

爸爸问她："你是害怕吗？"

妮妮眼中满是恳求地望着妈妈："才不是，我就是想要妈妈陪我一起去刷牙。好不好，妈妈？"

妈妈抵不过妮妮的哀求，只好陪她一起去刷牙。

这样的情景几乎每天都在妮妮家上演，在妈妈的印象中，妮妮几乎没有独自一人刷过牙、洗过澡。只要爸爸妈妈让她一个人去做什么事情，她也总是拒绝。

其实，妮妮不愿意自己一个人去刷牙，并不是因为害怕，而是单纯地想要妈妈一起去，是依赖心理在作祟。如今像妮妮这样缺乏自理能力，过于依赖父母的孩子越来越多。这些孩子被父母过度保护，一旦离开父母，就如同惊弓之鸟。

所谓依赖心理，是指孩子做任何事情都需要有人陪，不愿意自己独自去做的一种心理状态。有依赖心理的孩子内心往往很脆弱，通常表现为害羞、黏人、胆小怕事等。

心理学家认为，依赖心理会阻碍孩子建立完善的独立人格，削弱孩子的创造力和自主意识，严重地还会影响到孩子的正常生活、学习以及身心健康。它是一种消极的心理状态。

有依赖心理的孩子缺少主见，什么事情都希望由他人来做决定。7~9岁的孩子刚刚脱离幼儿时期，对父母仍然有很强的依赖心理，这种依赖心理主要表现在生活、学习和情感三个方面。

生活中的依赖表现为不能独立自主，无法自己照顾自己，生活中的琐事需要父母的帮助和提醒。比如，吃饭时一定要父母把饭端到自己面前；早上起床时即便有闹钟，也要父母反复地叫起；学习方面的依赖表现为不愿意自己独立完成作业，总是要依赖父母和同学的帮助，就连收拾书包这样的小事，也要父母在旁叮咛才不会落下东西；情感上的依赖表现为希望得到别人的认可和友好对待，当有人表扬自己时，就会信心百倍，当别人友善地对待自己时，就会表现得很愉悦，一旦无法得到别人的赞扬和亲近就会出现难过、害怕和担心的情绪。

为什么这一阶段的孩子有较强的依赖心理呢？儿童发展心理学认为，孩子7~9岁是从幼儿期向儿童期过渡的时期，生活、学习环境都有很大的变化，加上这个年龄段的孩子知识积累不足，很容易缺乏安全感，从而产生依赖心理。

父母要想避免和纠正孩子的依赖心理，可以从以下三个方面着手。

1. 培养孩子自己做事情的能力

当孩子在生活中受挫、在学习中遇阻时，父母总是会冲出来帮孩子解决问题，这往往是孩子依赖心理产生的根源。

7~9岁正是孩子养成独立自主生活能力的关键时期，而父母的溺爱却让孩子失去了锻炼和培养生活自理能力、处事应变能力以及应对困难的机会。所以，父母一定要有培养孩子独立自主做事习惯的意识，要避免包办、代劳等行为。

2. 不要担心孩子帮倒忙

父母担心孩子帮倒忙的惯性思维也会阻碍孩子独立意识的养成。当孩子好奇心满满地想要帮父母洗衣服时，当孩子兴奋地想要帮父母拖地时，当孩子兴致勃勃地想要帮父母洗碗时……得到的答案总是"不行"，父母总是担心孩子会把衣服越洗越脏，会把水弄得满地都是，会把碗摔碎，等等。殊不知这样会严重阻碍孩子独立意识的发展。

即使是成年人，第一次做一件事时也不会那么完美，更何况是7~9岁的孩子？所以父母要做的不是阻止，而是鼓励孩子去做他想要做的事情，即使做得不好甚至很糟糕也没有关系。因为孩子会在错误和问题中总结经验、吸取教训，经历了"吃一堑长一智"，孩子才会成长，才会做得更好。

3. 避免过多的亲昵行为

7~9岁的孩子已经不再是幼儿，父母不能再像对待幼儿一样对待孩子。如果孩子还和父母睡在同一个房间，不妨让他们试着离开父母的房间，一个人睡自己的房间。可能刚开始孩子会不习惯甚至害怕，父母可以给孩子准备一个小夜灯，或者等孩子睡着后再离开他的房间，慢慢让孩子习惯独自睡觉。

另外，父母最好不要再对孩子有过多的亲昵举止，过多的亲吻和拥抱，那会让孩子觉得自己还没有长大。要坦诚地告诉孩子他已经长大了，父母不能再像以前一样亲吻他了，但是父母依然是爱他的。这样孩子既不会感到被父母忽视，也能淡化对父母的依恋，从而变得更加独立。

此外，父母还要给孩子更多的自由和空间，鼓励孩子独立学习、自由玩耍，让孩子学会离开父母的羽翼，到更广阔的天空自由翱翔，这样才能最大限度地减少孩子的"依赖心理"。

好胜心理——"谁说我不行，我一定比他强！"

文文今年8岁，从上幼儿园到如今的二年级，一直都是一个特别争强好胜的孩子。在学校，别的同学得到老师的表扬，她就会不开心；考试没有取得好名次，她也会懊恼许久；跳舞时不如同学跳得好，她就会一脸气呼呼的……

月考时文文的成绩和班上第一名只有2分之差，爸爸妈妈对这个成绩已经很满意了，可是文文却很不满意，说："谁说我不如他，我一定比他强。"为此，文文一连几天都郁郁寡欢，一直纠结于考试中的错题，说都是因为自己太马虎了。

对于女儿的好胜心强，文文妈妈备感无奈。心想，虽说争强好胜是孩子有了竞争意识的表现，追求上进也算是好事，但孩子的童年不是更应该轻松快乐、无忧无虑的吗？如果一直这样争强好胜，那是否也意味着孩子受到挫折后抗压能力就会特别弱，而经不起打击呢？

好胜心代表着人们对事物敢于竞争、力求取胜、积极向上的心理品质，是孩子学习路上前进的动力。健康、积极的好胜心能促进孩子更好地发展，正如拿破仑所说的那样："不想当将军的士兵不是好士兵。"但如果好胜心过强的话也容易催生嫉妒、愤恨等不良情绪。文文的妈妈担心孩子受挫后抗压能力弱是有一定的道理的。

那么7~9岁的孩子为何会出现好胜心过强的情况呢？主要有以下三个方面原因。

第一，"关注缺失"效应。每个孩子都希望得到他人的关注，一旦关注缺失或没有达到自己期望的效果，孩子的心理需求就得不到满足，为了重新获得关注及得到自己想要的认可，孩子就会用"争第一""做最棒"这样的标准来严格要求自己，好胜心理便由此产生。

第二，自我价值体系尚未建立。7~9岁的孩子自我意识逐渐加强，虽然对自我有了一定的了解，却仍然没有建立起正确的自我评价体系，因此没有得到他人的表扬、鼓励、认可时就认为自己是"不优秀的""不棒的"，也正因为如此，才想用好胜心去赢取自己想要的，以此来肯定自我价值。

第三，否定效应的影响。"邻居家的乐乐比你听话""欣欣跳舞比你跳得好看"……在日常生活中，为了激励孩子不断取得进步，很多父母会经常在孩子面前提及其他孩子的优点，而否定自己的孩子。这种打压、否定的方式也容易让孩子产生好胜心理。

对于7~9岁的孩子来说，好胜心是一种心理的本能反应。成长路上每个人都难免遇到一些挫折和困难，避免不了失败，所以输赢是正常的事，父母应该让孩子明白这些道理。不要因为对结果的不满意就批评孩子，更不要伤害孩子的自尊心，特别是7~9岁的孩子情绪的自我调节能力还比较弱，所以很容易受到伤害。

7~9岁是孩子性格塑造的关键期，那么在此阶段父母应该如何引导好胜心强的孩子呢？

1. 树立正确的价值观

7~9岁的孩子对价值观的定义还不太明确，全凭着自己的喜恶来做事，父母可以在此时加以引导，让孩子树立正确的价值观。让孩子明白，真正的进取是在自己原有的基础上更上一层楼，完成自己定下的目标，而不是一味地想着去打败他人、赶超他人。"失败是成功之母"，教会孩子坦然面对自己的不足和失败，从失败中吸取经验再接再厉，同时也要拥有"胜不骄、败不馁"的高尚品质。

2. 接纳孩子的不完美

每个孩子都是不完美的小天使，无论孩子是否取得成绩，父母都应当无条件地接纳孩子，不能让孩子觉得爸爸妈妈只有在他取得好成绩的时候才会更爱他。而应让孩子感受到父母对他的爱是时刻存在的，不会因为成绩的好坏而受到影响。这样才能让孩子获得足够的安全感，才能让他学会用一颗平常心去对待身边的人和事，不会过于争强好胜。

3. 先和孩子共情，再鼓励孩子

当孩子因为输了比赛、输了名次而表现出愤愤不平时，父母不要取笑孩子，应该与孩子共情。对于比赛失利表示遗憾和惋惜，理解孩子的痛苦。接着与孩子一起分析失利的原因，再鼓励孩子："总起来说你做得很棒，下次争取做好。"讲类似这样的话，用情感的关怀与赞同让孩子从心理上逐渐接受失败的事实，明白失败并不是一件丢脸、可耻的事情。这样孩子的心态就会平和很多，也能够正确地看待得与失。

第三章

7~9岁的孩子
最需要什么

如果问父母："你知道孩子最需要什么吗？"相信大多数父母会这样回答："当然知道，孩子嘛，需要玩伴，需要玩具，需要零食……"这样的回答并非有错，但这只是孩子浅层次的需要。当孩子处于叛逆期时，他们的内心犹如一本五彩的书，书中写着他们的情感尊严、喜怒哀乐，等着父母去读懂它。父母要想引导孩子走出叛逆期，给予孩子真正的爱，就要读懂孩子的内心最需要什么。

缺乏自我认同感——需要父母的肯定

著名教育家陶行知先生有一个经典的"四块糖果"的故事：

> 陶行知先生在任育才小学校长期间，有一天，他看见学生王友正在用泥块砸自己的同学，便立刻制止了他，并让他放学后去校长办公室一趟。当陶行知到达校长办公室时，他发现王友已经等在门口了，便立刻掏出一块糖递给王友："这一块糖是奖励你的，因为你很准时，而我却迟到了。"

> 接着陶行知又掏出一块糖："这一块也是奖励你的，当我不让你打人时，你就立刻住手了，说明你尊重我。"王友将信将疑地接过第二块糖。

> 陶行知先生又掏出第三块糖说道："据我了解，你之所以砸同学，是因为他欺负女同学，这说明你很正直，有与坏人做斗争的勇气。因此，这一块糖也是奖励你的。"

> 此时，王友早已泣不成声，说："校长，我错了，他是我的同学，不是坏人，就算同学再不对，我也不能用泥块去砸他。"

> 陶行知先生满意地笑了，随后掏出第四块糖递给王友："你能正确地认识到自己的错误，我再奖励你一块糖。我的糖发完了，我们的谈话也该结束了。"

从上述的故事中我们可以看出，陶行知先生的教育方法并没有什么高深莫测之处，但是他能从孩子的错误中发现可贵之处，并对孩子毫不吝啬地肯定和赞赏，帮助孩子建立自信和良好的自我认同感，这就是父母要学习和借鉴的地方。

相信每一位父母都希望自己的孩子是一个充满阳光、自信而且勇气可嘉的人，可令人遗憾的是，父母一边希望孩子自信，一边又会有意无意地说出否定孩子的话。比如，"你看，我家的孩子就是不行……""我家的孩子就不像你家的这么聪明""我家的孩子胆子太小了……"。要知道，父母无意间否定孩子的话会给孩子内心造成不可估量的伤害。众所周知，自信并非与生俱来的，它是通过个人经历对自我的一种反思性的理解和肯定，是随着个人经历的增长逐渐形成的。7～9岁的孩子正面临较大的学习环境、生活环境的变化，无法真正深入地认识自己、了解自己，他们常常需要通过他人，尤其是父母对自己的评价来认识自己。

父母对孩子肯定的评价，能让孩子建立良好的自我认同感，孩子自然会更自信。反之，当父母总是否定孩子、批评孩子时，孩子就会觉得自己很无能，什么事情都做不好，从而渐渐丧失自信。因此，在孩子成长的关键期，父母对孩子的肯定，是孩子形成自我认同感的重要助力。

自我认同感不是天生的，而是每个人在成长过程中不断地经历、积累形成的对自我的客观认识和肯定。对于7～9岁的孩子而言，他们自我认同感的形成和完善离不开外界环境的反馈，但是由于他们缺乏较强的理性思维能力和判断能力，因此他们对自己的认识、评价和判断往往来源于周围人的评价，尤其是父母的评价。

美国哲学家、心理学家詹姆士说："人类本质中最殷切的要求是渴望被肯定。"而父母对孩子的赏识、赞扬和鼓励就是对孩子肯定的表现，是帮助孩子获得良好的自我认同感、建立自信的必要条件。

那么，父母应该如何肯定孩子，从而帮助孩子获得良好的自我认同感，建立自信呢？以下两个方法值得父母一试。

1. 多鼓励，帮助孩子树立自信

孩子的自信是来源于其成长感、价值感和胜任感的，而父母对孩子的赞美、肯定和鼓励对孩子来说是非常重要的，它可以让孩子充分认识到自己的能力，帮助孩子建立自信。

父母要在生活中引领孩子在实践中认识到自己的能力，多做一些如整理床褥、做饭、做手工等实践活动。

父母也要经常用语言鼓励孩子："你最近进步很大哦！""妈妈觉得你做得很棒。""你做得比爸爸还要好！"等等。

2.多尊重，帮助孩子积累自信

7~9岁的孩子内心渴望受到别人尊重、信任以及肯定，然而许多父母会经常有意无意地说一些伤害孩子自尊和自信的话。比如，"你真没出息！""一点儿都不成器。""长大了能有什么用？"等话语。这些消极的评价往往会对孩子的自尊心和自信心造成严重的伤害，不利于孩子自尊和自信的建立。

父母要多尊重孩子，多听听孩子的意见，让孩子感受自己在父母心中的地位，体验到父母对自己的期望、肯定、尊重与信任，这样才能帮助孩子树立健康的自尊心和自信心。

在意自己的穿着打扮——需要培养审美观

唐唐是一个8岁的小姑娘，正读小学二年级，她的成绩一直很优异，全家人都感到很骄傲，对她寄予厚望。唐唐似乎也很争气，二年级上学期一直保持着优异的成绩。可是到了二年级下学期，情况发生了变化，唐唐的成绩开始下滑。妈妈在寻找女儿成绩下滑的原因时发现：唐唐变得爱打扮了。

每天早晨上学前，唐唐都要在镜子前待上十多分钟照来照去，把衣着、发型对着镜子理了又理才出门。早晨的时间本来就比较紧，可唐唐却花费了不少时间。有时看看时间不早了，就干脆不吃早餐了。放学后也是如此，一进家门就钻进自己的房间里照起镜子来，还经常挑别妈妈买的衣服，非要妈妈陪她一起去买新衣服。

前段时间，唐唐非要买一双公主鞋搭配她的白色连衣裙，妈妈说："你已经有很多双鞋了，不能再买了。"唐唐听后开始在家闹别扭，几天后，妈妈无奈地同意了。

对于女儿越来越爱美的举动，妈妈担心是不是正因此而影响了她的学习。

如果家里有女儿，常有这样的情况："女儿天天早上要自己搭配衣服穿，总是要换好几套衣服才会出门。""我家孩子动不动就偷偷拿我的口红自己涂。"……由此可见，像唐唐一样开始爱美的孩子不在少数。

这些"臭美"的行为是7~9岁的孩子开始有自己审美观的表现。何为审美观？很多人都会想到"颜值"这个词，很多成年人对于审美的认知尚且停留在人和事外表的美丽这一层面，对孩子的审美教育当然就不会系统、深入。

审美观是一种从审美的角度对自然、人文、社会以及艺术等方面持有的观念。直白地说，就是人们思维中形成的对美的看法和评价。很多父母在生活中仅仅关注孩子的智力和外貌，而忽视了对孩子审美观的关注和培养。

培养孩子的审美观有什么意义呢？

"爱美之心，人皆有之"，每个人都会追求美丽并为之努力，美丽的生活、美丽的服饰、美丽的脸蛋、美丽的心情等。培养孩子正确的审美观，能让他们知道什么是美、什么是丑，也能激励他们追求美、创造美。只有从孩子有审美的意识开始，就对他们进行系统、深入的审美教育，才能保证他们以后能树立良好的审美观。

心理学家认为，7~9岁是对审美有了自己认知的初级阶段，处于儿童叛逆期的孩子，追求美的行为如果被父母无情、粗暴地干涉，其审美观很有可能被扭曲。明智的父母应该正视孩子对美的追求，教他们分辨什么是真正的美，引导他们形成良好的审美观。拥有良好审美观的孩子将来才可能成为一个具有较高审美能力的人。

小学二年级的妞妞喜欢上了背带裤，固执地认定只有背带裤最适合自己、最好看。不管爸爸妈妈怎么说，她都不听，每天执意穿背带裤去学校。

妈妈认为上学时穿背带裤不方便，强烈反对，但妞妞却认为穿背带裤时尚、好看。在双方僵持不下的情况下，妈妈不得不利用家长的权威，说妞妞不听话，然后把妞妞所有的背带裤都收起来，不再让她穿。

"风暴"过后，妈妈一次次地"矫正"妞妞的看法说："我是大人，比你更明白穿什么衣服才漂亮，听妈妈的话肯定没错"，于是妞妞屈服了，但也丧失了自己独立的审美观。

女孩天生就爱美，可妞妞的妈妈却强行让妞妞接受她的审美观念，最终妞妞失去了自己对美的理解和感悟，失去了独立的审美观。

因此，父母要以客观的态度对待孩子的审美观，用心了解孩子的心理特点和需求才是明智之举。因为只有理解孩子的想法，尊重孩子的选择，包容孩子的爱美之心，才能给孩子一个快乐的成长空间，让孩子树立正确的审美观。

7~9岁的孩子，有一定的知识接受能力，此时对他们进行审美教育，可以为将来树立正确的审美观打下坚实的基础，影响孩子的一生。

那么，父母要如何帮助孩子树立正确的审美观呢？

1. 让孩子学习关于美学的知识

父母可以让孩子在生活中多接触一些关于仪态、仪容、形体、修饰、造型等方面的美学知识，孩子会从中学习到怎么穿着打扮才会端庄，怎么说话才会有涵养，什么样的肢体动作才会有气质等，这样孩子才会知道什么样的美才是真正的美。

比如可以让孩子去学跳舞，塑造美丽的体型；让孩子多读一些书籍，丰富自己的头脑；让孩子讲究卫生，保持整洁的仪表等。这些方面的美丽事物会引导孩子掌握正确的审美方向，帮助他们树立正确的审美观。

2. 鼓励孩子创造美丽

不随波逐流，坚持自己对美的理解和看法，才是追求美的最高境界。父母应该鼓励孩子创造他们认为的美。比如，让孩子自己装饰自己的房间，通过他们的想象和双手创造出他们认为美的房间。经常鼓励孩子做类似的事情，孩子会在这个过程中塑造自己的审美个性，未来的成长之路也会变得色彩斑斓。

3. 转移孩子不正确的审美视线

孩子到了7～9岁，开始接触到更多的事物，但由于缺乏较强的分辨能力，很容易产生一些错误的审美意识。比如，觉得贵的鞋子才有品味，花哨的衣服才好看……此时父母明智的做法应该是：巧妙地将孩子错误的审美视线转移，而不是简单粗暴地干涉孩子追求美的行为。

马克思说："人类对美的追求，是社会进步的象征。"每个人都有追求美的权利，孩子也不例外。父母应该把孩子对美的追求当作他们美好而积极的生活态度，引导孩子走向认识美、展示美、追求美的正确之路。

对家长的心理依赖程度降低——需要父母放手

沫沫今年7岁了，自从上小学一年级后，就觉得自己长了不少本领，什么事情都要自己做，不管会不会，反正就要自己来。不让她做，她就闹情绪、耍脾气。

星期六的早晨，妈妈准备洗衣服时，沫沫突然跑过来对妈妈说："妈妈，我自己来，我会洗衣服。"妈妈既担心她洗不干净，又担心她把水溅到身上，就拒绝了她的要求。可是沫沫一直吵吵闹闹，一定要自己洗。没办法，妈妈只好答应了她。妈妈转身去厨房择菜了，可是妈妈回来后一看，卫生间里一片狼藉，到处都是水和泡泡，沫沫的衣服也都湿透了。妈妈一把抓过还在饶有兴趣地洗衣服的沫沫，让她不要再洗了。这下可捅了"马蜂窝"，沫沫哭闹个不停，直到吃午饭时都还在闹情绪，很不开心。

对此，妈妈很无奈也很疑惑，究竟是沫沫太倔强了，还是这是孩子成长中的正常表现呢？妈妈要怎样做才能改变她呢？

早在孩子3岁左右时，独立意识就已经开始萌芽了，随着孩子年龄的增长，独立意识也在不断地增强。当孩子7~9岁时，就会表现出强烈的独立意识和愿望，此时他们对父母的心理依赖程度降低，最明显的表现就是什么事都要自己来，不愿让父母帮忙，就像上面案例中的沫沫一样。除此之外，有的孩子还会表现出不愿与父母在一起玩了。

事实上，这种对父母心理依赖程度降低的表现是孩子成长阶段的正常现象，也是孩子走向独立的第一步，就如同雏鹰拍着稚嫩的翅膀想要向老鹰学习飞翔一样。此时的孩子最需要父母的理解和放手。

令人感到惋惜的是，现在的大多数父母一边抱怨孩子不够独立，一边又习惯为孩子"包办"所有的事，觉得无微不至的照顾才是孩子最需要的。这真的是一种很矛盾的教育。心理学上有一个十分有趣的刺猬法则或许能给我们一些有益的启示。

在寒冷的冬天，两只困倦的刺猬因为冷而挤在一起取暖，可是怎么都睡不舒服。因为它们身上都长着刺，当它们靠得太紧时，就会刺痛对方；离得太远时，又感觉不到彼此的温度。最后几经折腾，它们还是拉开了一定的距离。这样既有效避免了刺痛对方，又能保证适当的温度。虽然外面依旧寒冷，可是它们却睡得很舒服。

这一法则表明：当孩子对父母的依赖程度降低或有强烈的独立意识时，父母要尊重孩子的想法，鼓励孩子独立去尝试。孩子可以自己做的事，父母不要包办。这样既可以锻炼孩子动作的灵活性、准确性，也能增强孩子的自理能力，促进孩子更好地成长。此外，父母还要善于利用孩子的独立意识，因势利导，发展孩子的独立能力，引导孩子积极向上、健康成长。

那么，当孩子对父母的依赖程度降低时，父母应该如何应对，才能给予孩子最需要的关照呢？

1. 耐心指导，教会孩子"自己来"的技能

7～9岁的孩子毕竟年龄还小，能力不足、生活经验不够丰富也是情理之中的事。当孩子不再依赖父母，尝试要"自己来"的时候，通常会出现一团糟的现象。此时，父母要做的是耐心指导，积极示范，教会孩子"自己来"，鼓励并帮助孩子掌握各种基本技能，使孩子从行动中获得自信。

菡菡今年9岁了，随着年龄的增长，她身上的问题也越来越多。妈妈发现最近一段时间，菡菡好像不再需要自己了，"我自己来"几乎成了菡菡的口头禅。

星期天早晨起床后，妈妈在整理床铺，菡菡就一直在旁边看着，当妈妈要叠被子时，菡菡非要抢着自己叠。妈妈心想反正今天是周末，也不赶时间，就让她试试吧，于是妈妈就到客厅忙其他的事情去了。房间里的菡菡学着妈妈的样子开始叠被子，因为菡菡从来没有叠过被子，所以她叠了好久都没有成功，只是把被子团成了一个大团。

正当菡菡觉得沮丧和疑惑的时候，妈妈进来了，看到菡菡叠的被子后就对她说："妈妈来教你叠吧。"说着，妈妈就告诉菡菡，哪是里面，哪是外面，教她把被子打开平铺，并把外面朝下，里面朝上，然后折叠。

虽然步骤很简单，但对第一次叠被子的菡菡来说还是有一定难度的。为了让菡菡能掌握叠被子的方法，妈妈建议她多练习几次，动作熟练了，自然就叠得好了。

经过几次练习之后，菡菡基本掌握了叠被子的方法和技巧。当菡菡把被子叠好后，很开心地展示给妈妈看。虽然叠得不是很平整，但也算是有了豆腐块的形状，妈妈表扬菡菡说："你真棒，叠得很不错哦！"

从上述案例中可以看出，父母要改变现有的教育观念和方式，鼓励孩子尝试，这样才能促进孩子的自理能力和动手能力的发展。然而，大多数的父母对孩子的疼爱和照顾都太过细致、周到，几乎事事包办，以至于孩子没有动手的机会。因此，从现在开始，父母要利用孩子这一阶段的心理特征，让孩子多动手，培养孩子的自主能力和独立能力，以便孩子可以更快、更好地独立成长。

2. 在安全的前提下，给孩子独立做事的机会

7~9岁的孩子虽然对父母的心理依赖程度降低，但由于孩子年龄还小，在独立做事时还是有许多判断不准确和不周到的地方。此时，父母在鼓励孩子的同时还要给予孩子一定的帮助，让孩子在安全的前提下，拥有独立做事的机会。比如，把危险的东西放到孩子接触不到的地方或是直接替换掉。如此，父母就可以不再时刻制止孩子的危险行为，孩子也可以安心地自己做事了。

常常希望大人能"委以重任"——需要父母的信任

1995年，美国有一位身无分文的青年才俊，非常看好互联网电子商务的发展前景，想在此领域施展自己的抱负。想创业却苦于资金无门的他首先便想到了父母的支持，当他说明自己的意图后，父母略作商量就把30万美元的养老钱拿出来给了儿子，并说了这样一番语重心长的话："虽然对互联网不了解，对电子商务更是闻所未闻，但我们依然选择无条件地相信你，相信你不会让我们失望。"

后来，这位青年才俊用父母的养老钱作为启动资金，在西雅图创建了全美第一家网络书店零售公司——亚马逊（Amazon）。这位青年的名字是贝索斯。

贝索斯取得的成功，不能说完全归功于他的父母，但父母对他精神与物

质的支持却是显而易见的，这种无条件的信任自然在无形中给了贝索斯无穷的精神支持。

看到这里，很多父母也会说："只要孩子需要，我也会这样做。"父母对于孩子的爱，从来都是毋庸置疑的，但仔细想想除了金钱，父母还能给予孩子什么呢？

上述案例中，贝索斯的父母除了金钱支持，还给了孩子足够的信任。在现实生活中，绝大多数父母虽然也在尽可能地满足孩子的需求，但内心深处却对孩子缺乏最基本的信任。

国内一家儿童研究机构曾经对国内 6 个热门城市：北京、上海、深圳、武汉、杭州、苏州的 7 ～ 9 岁的孩子，做过一项关于"生活中孩子最喜欢父母的 10 种做法"的调查报告，结果显示："希望得到父母的信任"以 63.5% 的高得票率稳居第一位，其后分别是"信守承诺、说话算话"（49.2%），"平等参与家庭生活"（31.7%），"和父母一起聊天倾诉"（23.3%）等。

由此可见，对于 7 ～ 9 的孩子来说，最需要的是父母对自己的信任。

然而，令人感到惋惜的是，在现实生活中，绝大多数父母对孩子都缺乏信任。父母很喜欢刨根问底，以此来了解孩子的行踪，对孩子说的话会产生质疑："你的话到底是真是假，不要骗我？""你和谁在一起，做什么呢？""你是一个人吗，旁边还有谁？"这样的言语再加上父母怀疑的神情，孩子便会感到沮丧，自尊心也会因此受到打击和伤害。

7 ～ 9 岁的孩子往往没有建立起对自己的认同感，对于他们来说，父母的信任更为重要，他们常常希望父母能"委以重任"。比如，有的孩子会希望父母让他帮忙做一件事，有的孩子会希望父母让他自己去上学，等等。

7 ～ 9 岁的孩子正处在"儿童叛逆期"这个阶段，身心快速发展的他们，时常会出现一些在父母看来不好的行为。事实上，随着年龄的增长，孩子的这些行为会自我修复和纠正。而父母要做的就是信任孩子，这种信任就像一颗种子，经过灌溉、施肥，就一定能够长出结实的果实。

再则，7 ～ 9 岁的孩子更多的是通过父母的描述和评价来认可自己的。如果孩子在父母那里得到的反馈是受信任的，那么孩子就会在潜意识中得到无穷的力量，这种力量会激发孩子的自信，让孩子具备越来越优秀的品质和能力。

爱的最好证明就是信任，只有父母信任孩子，孩子才会在遇到困难时有勇气直面失败与挫折。为了不辜负父母的这份信任，他们会越挫越勇，一步一个脚印踏踏实实地走下去，最终走向胜利的终点。

那么，父母应该怎么做才能让 7 ~ 9 岁的孩子体会到被信任的感觉呢？

1. 培养孩子的自信心

自信心是人们不断前进的动力，也是事业成功的垫脚石。人只有拥有自信，相信自己能够战胜一切困难，才有可能不断取得成功。父母应加强对孩子自信心的培养，来引导孩子用良好客观的心态对待成功与失败，孩子一旦充满自信，自然也会乐观开朗起来，做起事情来也会更加游刃有余。

2. 宽容地对待孩子的错误

当孩子犯错误时，父母不要用犀利的言辞去责骂孩子，而应该晓之以理、动之以情地帮孩子分析、纠正错误。正所谓"知错能改，善莫大焉"，只要孩子能够及时认识到自己的错误并加以改正，父母就应该以一颗宽容之心来对待孩子的错误，给予信任和包容，引导他们形成正确的人生观和价值观。

3. 把握好对孩子的宽严尺度

在日常生活中，父母不要干预得太多，而要学会大胆放手，多给孩子一些磨炼和实践的机会，只要是孩子能做的、想做的，父母都可以表示信任与支持。哪怕历经失败和挫折，但至少尝试过、努力过，这对孩子来说何尝不是一种宝贵的经验呢？父母要把握好对孩子的宽严尺度，失败了给予安慰和鼓励，成功了给予掌声和赞美，一张一弛让孩子感受到你的信任并增强自信心。

父母对孩子的信任和支持要体现在行动上，不要只是嘴上说说而已，要让孩子时刻都能感受到你的信任，在一个充满信任的环境中健康快乐地成长。只有拥有了父母的信任，孩子才会更积极、更乐观地笑对生活，调节好自己的情绪，发挥出自己的才能。

信任，就像是在父母与孩子之间架起了一座沟通的桥梁，父母只有充分地信任孩子，才能让这座沟通的桥梁坚不可摧，让孩子未来的成长之路越走越踏实。

情感上最需要妈妈的年龄

姣姣出生后没多久妈妈就到外地工作去了，把她留给爸爸和爷爷奶奶来照顾。长期没有妈妈陪伴的姣姣总觉得自己是被抛弃的孩子，虽然妈妈每次回来看她时，都会给她带很多零食和玩具，但是她依然不开心。因为她最想要的是妈妈陪着她，和妈妈一起玩。可是妈妈很快又要离开了，这种分离的痛苦一直伴随着她的成长、储存在她的记忆深处。

随着年龄的增长，姣姣习惯了这种分离，虽然她理解妈妈外出挣钱是要养家糊口，但是她还是很难和妈妈表达亲密。当妈妈想要抱姣姣的时候，她会本能地躲开，这让妈妈很伤心。对此她也有些难过，可依旧不会去抱妈妈。

姣姣读二年级的时候，妈妈给她办理了转学，并把她接到自己身边。妈妈告诉姣姣，以后会一直陪着她，不会离开了。可是姣姣并没有表现得特别高兴，依旧不和妈妈亲近，即使有了心里话也不会对妈妈说。不仅如此，她也很难和其他人表达亲密。

对此，妈妈是既无奈又苦恼，无论她怎么疼爱姣姣，还是很难走进她的内心。

美国心理学家安斯沃斯通过研究，把孩子对妈妈的依恋分为以下三种类型。

第一，安全型。当妈妈在孩子身边时，孩子会很自在；当妈妈离开时，孩子会很烦躁；当妈妈再次回来时，孩子又会很安心。

第二，回避型。不管妈妈是否离开，孩子的表现都很冷淡。

第三，反抗型。孩子时时刻刻担心妈妈会离开；当妈妈离开后会显得极度不安；当妈妈回来后，孩子既想与妈妈亲近，又排斥妈妈的安抚。

不难看出，在上述案例中，姣姣与妈妈的关系就是典型的反抗型依恋。

从心理学的角度来说，7~9岁孩子是情感上最需要妈妈的年龄，此时妈妈的陪伴对孩子来说才是最重要的。孩子所有的思考、幻想、对话和游戏都需要和妈妈一同分享，喜欢和妈妈黏在一起，不管是一起劳动、玩耍，还是一起聊天、读书等，只要能让孩子感觉"全部占有"着妈妈，孩子就会很开心。

因此，当孩子进入7~9岁叛逆期时，妈妈即使再忙也要每天抽出1小时，全心全意地陪伴孩子，满足孩子"全部占有"妈妈的心理需求，让孩子在成长过程中没有遗憾。母爱对孩子的成长起着至关重要的作用，一旦缺乏母爱，就会给孩子的内心造成不可弥补的伤害。

心理学家阿德勒说："所谓母亲的技巧，我们指的是她和孩子合作的能力，以及她使孩子和她合作的能力。这种能力是无法复制，无法用教条来传授的。"妈妈想要运用这一技巧，就必须先了解孩子的想法，然后拥有一颗想要赢取孩子情感的心，并时刻保护孩子的利益，这样才能巧妙地运用母亲的技巧为孩子的成长添砖加瓦。

7~9岁的孩子由于自我意识发展不够完善，因此无法自我化解痛苦。如果孩子得不到母爱的温暖，就容易变得敏感、多疑、斤斤计较，内心也会因此留下不可磨灭的创伤和阴影，就算日后在品行方面没有出现大的问题，也会对未来的生活产生一定的负面影响。

有调查显示，许多年轻人在恋爱或者结婚后，与伴侣相处时，不是过分依赖就是过分苛刻，不是扮演情感的伤害者就是被伤害者，很难与伴侣正常相处。而导致成年后出现这些问题的主要原因，是童年时期母爱的欠缺。

因此，在孩子7~9岁时，妈妈要多陪伴孩子、关心孩子，不可缺席孩子的成长。那么，在陪伴孩子的过程中，妈妈应该怎样做呢？

1. 给予孩子情感上的呵护

心理学和教育学研究表明，情感对于一个人的正常发展起着至关重要的作用。而在家庭教育中，情感更多的是以亲切的拥抱、抚摩，遇到问题时给予适时的抚慰、尊重、沟通等"接纳"的方式表现出来的。对孩子来说，给予孩子情感上的呵护，比起一本正经地教诲和训斥更重要。

妈妈要学会用情感去呵护孩子，用爱去浇灌孩子，让孩子时时刻刻感受到来自妈妈的情感支持。具体支持的方式可以是积极的倾听,也可以是平等的沟通,妈妈要了解并理解孩子的思想和行为,尽量不要用指责、命令、警告和哄骗的方式去对待孩子,要给予孩子足够的安全感。

2. 在你的声音中融入"温暖"

妈妈在与孩子交流的过程中,要站在孩子的角度,用"孩子的规则"去思考问题。与孩子交谈时要表达清楚,注意言简意赅,切不可长篇大论,更不能威胁、欺骗孩子。更重要的是,与孩子交流时态度要温和,应当在适当的语气、声调中,让孩子感受到你的爱与支持。

与孩子交流时,妈妈还可以将一些细节具体化。比如,注视孩子的眼睛,让眼睛告诉孩子你是认真的;每隔一段时间组织家人坐在一起轻松地聊天,表达感情;每次在固定的时间与孩子交谈,让孩子形成规范等。这些细节不仅仅是简单地将妈妈的话语传递给孩子,而且还可以带给孩子温暖的爱意和情感的支持,使孩子在未来的生活中更健康、快乐地成长。

除此之外,妈妈要善于利用孩子"全部占有"妈妈、一心讨妈妈欢心的心理,与孩子做好约定,假如孩子很好地完成了某一件事,妈妈就要全身心地陪伴孩子与其享受一段"亲子时光",让孩子可以更好地感受到妈妈的爱。

和爸爸的关系处于黄金阶段

凯凯今年上小学二年级,在他的眼里,爸爸是这个世界上最伟大的人。他从心底里崇拜爸爸、信任爸爸,爸爸说的每一句话对他来说都很权威。但是,由于工作原因,爸爸总是没有时间陪凯凯,答应好的事情,也常常会失信,有的时候还会敷衍他。

凯凯一直想和爸爸一起吃晚饭,爸爸答应道"明天吧",可第二天桌子旁依然少了爸爸的身影。周末凯凯想和爸爸一起去游乐园玩，爸爸总是说"下个星期一定去"，可"下个星期"当凯凯兴致勃勃地准备出发时，却总找不到爸爸的踪影。

久而久之，凯凯就不再信任爸爸了，也不想理爸爸了，每当爸爸回家后，他就躲在自己的房间不出来，不管爸爸怎么哄，就是不出来。

现如今，随着社会竞争日益激烈，大多数家庭中的爸爸都在职场上努力拼搏，忙着工作、忙着应酬，几乎没有时间陪伴孩子，以至于在孩子的成长过程中，出现了"亲情关系向母性群体倾斜"的现象。换句话说，就是只有妈妈一个人在照顾家庭、教育孩子，而爸爸的作用逐渐被弱化，甚至是淡出。很显然，这种现象既不利于家庭关系和谐，也不利于孩子身心的健康发展。

最近几年，随着人们对家庭教育的关注，"父性教育"也逐渐受到人们的重视。所谓"父性教育"是指父亲在家庭教育中对孩子进行充满父亲特性、父亲人格的教育。只有父性教育与母性教育结合起来才是完整的家庭教育，才会给予孩子足够的安全感，帮助孩子健康快乐地成长。

从心理学的角度来说，7~9岁的孩子由于自我意识发展的局限性，会对强有力的人物或象征表现出崇拜感，这是这一阶段孩子普遍存在的心理特征。7~9岁的孩子和爸爸的关系正处于黄金阶段，虽然此时孩子对爸爸没有太多的"占有欲"，但仍然喜欢和爸爸一起玩，而且非常崇拜爸爸，因此爸爸应该尽情享受这一段美好的时光，全心全意地陪伴孩子。

美国心理学家通过研究发现，一个人能否成功，20%取决于后天的努力，80%取决于父亲的教导。虽然这个结论有些片面，但是却可以从某种程度上说明爸爸在孩子生命中占据着非常重要的地位，同样是肯定孩子的话，由爸爸说出来比由妈妈说出来的影响力要大得多。

如果说妈妈对孩子的影响是能否使孩子成为一个独立的人，那么爸爸对孩子的影响就关系到孩子对人生的看法以及孩子人格的建构。总起来说，对于7~9岁的孩子而言，爸爸产生的影响主要有以下几点。

1. 爸爸是孩子社会化的第一引导人

妈妈对孩子的爱是无条件的，其重点培养的是孩子的自信与自尊。而爸爸作为孩子社会化的第一引导人，对孩子的爱必须要"有条件"，这样才能让孩子顺利地从"以自我为中心"的人过渡到社会化的人，才能帮助孩子更好地适应社会、学习社会规则以及正确地处理人际关系等。

爸爸用他独特的社会意识将家庭范围以外的世界呈现给孩子。这些具有社会方面的特质，让孩子在与爸爸互动的过程中，不断地模仿爸爸，学习爸爸"闯荡"社会的本领、学习爸爸与他人打交道的能力，促使孩子成为与爸爸一样具有独立、合作、竞争品质的社会化人。

此外，和谐的家庭氛围也可以帮助孩子社会化。在孩子成长的过程中，有些妈妈因为爸爸的缺席而心生怨念，在长期的焦躁与无助中，把孩子当成倾诉对象，无意中在孩子面前抱怨爸爸的"不是"。如果孩子与爸爸平时的接触也不多，那么孩子就很容易和妈妈形成"统一战线"，与爸爸对立，不能公正地去看待爸爸，这样不利于孩子顺利过渡到社会化的人。

因此，在7～9岁孩子逐渐社会化的过程中，即使爸爸工作再忙，也要抽出时间陪伴孩子。爸爸要想把好的品质传承给孩子，不能光靠"言传"的方式来教育孩子，更重要的是"身教"。

2. 爸爸教养男孩的特殊之处

如今，许多爸爸因为工作繁忙，无暇兼顾孩子的教育，那么重任就落在了妈妈的身上。由于长期缺少爸爸的鼓励与支持，也无法感受和爸爸在一起的亲密情感，这使得不少男孩形成了胆小怕事、优柔寡断的处事风格，缺少了"男子汉"应有的勇气和魄力。

因此，对男孩来说，爸爸的陪伴就显得尤为重要。爸爸要学会"导演"自己，使男孩对爸爸有一种崇拜之情。爸爸教养男孩的特殊之处就在于，男孩不仅要认同爸爸的性别，而且还要在内心刻画一个"英雄"爸爸的形象，这样才更有利于帮助男孩逐步建立男性独特的思维、认知和行为模式。

此外，爸爸在男孩的心里还代表着社会规则、良心和道德约束力量。要知道，7～9岁的男孩天生就有着探索与创造的欲望和冲动，如果没有"度"的话，很容易演变成暴力行为。而爸爸的作用就在于教孩子如何自控，以及犯错后承担责任。假如爸爸在男孩的成长过程中一直缺席，则会造成男孩无

"度"，无约束力，甚至迷失人生的方向。

3. 爸爸是女孩内心的男性蓝本

通常情况下，人们会认为妈妈才是女孩的榜样，爸爸对女孩来说并不重要。其实不然，爸爸给女孩带来的影响是妈妈无法替代的，因为爸爸是女孩内心的男性蓝本，它会影响到女孩未来与男性的交往，甚至于女孩未来的择偶标准。

作为女孩生命中的第一位男性，爸爸是女孩认识其他男性的基础，爸爸是一个什么样的人会直接影响到女孩对异性的认知。如果爸爸是一个风趣、幽默、刚强、能干、有责任感的人，那么女孩会愿意接近爸爸，向爸爸撒娇，和爸爸一起玩耍。而这种良好的认知会促使女孩的身体、心理、情感以及气质往更好的方向发展。

爸爸要明白，事业的成功并不能弥补教育的失败，再多的金钱也弥补不了孩子成长过程中缺失的陪伴。适当地放下你的手机，尝试离开你的电脑游戏和酒桌饭局，全心全意地陪孩子一起运动、玩耍；安静地听孩子诉说成长的烦恼；用心地陪孩子吃一顿饭。然后，你会发现，你给孩子带来的快乐是妈妈无法给予的。

爸爸们，请多抽点时间陪伴孩子和家人吧！你的妻儿需要你如山一般宽厚的肩膀，请好好享受这个黄金阶段的"幸福时光"吧！因为被孩子需要、崇拜和信任是一种幸福。

第四章

如何说孩子才会听，
如何听孩子才会说

成功的家庭教育，赢就赢在良好的亲子沟通上。因此，亲子沟通在家庭教育中就显得尤为重要。父母巧妙地说，孩子才会听；父母善于倾听，孩子才肯倾诉。要想与7～9岁的孩子进行有效沟通，父母首先应当懂一些亲子沟通方面的心理学知识，这样才能用恰当的语言，在自己和孩子之间搭起一座和睦沟通的桥梁，从而从孩子身上捕捉到有效的信息，找准教育的切入点。

孩子越大越不愿和你沟通的原因

到孩子7～9岁时，大部分父母发现自己与孩子之间的关系似乎在发生着微妙的变化。以前那个总是黏着爸爸妈妈的宝宝不见了，孩子变得越来越独立、难以接近；以前那个总是围着爸爸妈妈叽叽喳喳地说个没完没了的孩子也不见了，孩子变得不愿意和父母沟通交流，一旦父母说多了，他们就嫌烦。

一位妈妈就曾经抱怨：我家孩子8岁了，以前有什么事情都和我们说，可现在很少和我们沟通。平时和同学、朋友都是无话不说、无话不谈，可到了我们父母面前就变得沉默寡言了。一问他问题，他就会用"嗯""啊""是"来敷衍。有时候，我们主动和孩子沟通，想了解他的一些学习、生活情况，但孩子就是不愿意说太多话，问多了就开始表现出不耐烦。现在的孩子究竟怎么了？

为什么孩子不愿意和父母沟通呢？

其实，绝大部分原因不在孩子身上，而是在父母身上，是父母先关闭了和孩子交流的窗口。随着孩子年龄的增长，他们变得越来越独立，开始有了自己的思想和主张，可是父母们还依然把他们当成孩子，不给他们说话的机会和权利。孩子刚想自己做主，父母就认为孩子不听话，对他们进行严厉的批评和指责，甚至打骂。父母可能是站在爱孩子的立场上，想要为孩子做一些决定。比如，为了长远考虑，让孩子学习钢琴、美术等孩子根本就没有兴趣的事情；再比如，因为对孩子不放心，而拒绝孩子做一些大胆的尝试。

可是父母的这些做法，让孩子觉得自己没有了自由，父母给自己的限制实在是太多了。所以孩子们才更愿意和同龄人沟通，从他们身上寻求共鸣，而选择回避父母的沟通。因为他们知道，即便自己说出了内心的想法，也不一定获得父母的认同，还可能会换来批评和责骂，那么自己又为什么要浪费时间和父母沟通呢？

更重要的是，一些父母从来没有想过要了解自己的孩子，也根本不知道孩子心里在想什么。这些父母每天都和孩子在一起，接送孩子上下学、一起吃一日三餐，偶尔还会和孩子一起外出。但是，父母和孩子谈论的话题永远都离不开这几个主题：作业写完了吗？上课认真听讲了吗？考试成绩怎么样？是不是又犯错误了？至于孩子的兴趣爱好是什么，孩子最喜欢的明星是谁，最讨厌的东西是什么等问题，父母好像从来就没有关心过，也从来没有谈及过。久而久之，孩子自然就不愿意和父母交流沟通了，自然就会对父母的一些问话敷衍了事了。

因此，当父母发现自己和孩子的沟通出现问题的时候，尤其是孩子明显表现出不愿意沟通的时候，父母首先应该反省反省自己。想一想，自己平时的教育方式是否出现了问题，自己和孩子是否真正做到了有效沟通。

作为父母，应该多了解自己的孩子，了解他们心里真正的想法，了解他们的兴趣爱好，并且积极与孩子建立共同语言。一位小学二年级的学生曾经自豪地对自己的朋友说："我爸爸实在太棒了！虽然他平时不打篮球，也不爱打篮球。但是每次我和他谈论 NBA 赛事，他都能侃侃而谈。我最喜欢的球员是詹姆斯，而他竟然比我还要了解他！"

这位爸爸并不喜欢打篮球，但是他知道自己的孩子喜欢，所以平时才多加关注，并且详细了解了孩子喜欢的球员和球队的情况。当然，正是因为这位爸爸努力了解孩子，并和孩子建立共同语言，所以他们的关系非常亲密，沟通也很顺畅。

父母们应该明白，有效沟通应该建立在平等交流、相互了解的基础上。父母不要总是站在自己的角度去看待孩子的言行和想法，应该给予孩子平等交流的权利。当你以朋友的身份和孩子相处，而不是以命令和严厉的口吻和孩子说话时；当你总是鼓励孩子说出自己的想法，而不是把自己的想法强加给孩子时，那么孩子的话自然就会多了起来。

即便你做不到和孩子有共同的兴趣爱好，那也要尝试着了解、欣赏这些兴趣爱好。切不可把孩子喜欢的事情贬得一文不值，更不要对孩子感兴趣的事情一无所知。因为这样只能让你和孩子的心理距离越来越远，孩子也越来越不愿意和你交流沟通。

总而言之，孩子不愿意和父母沟通，关键就在于孩子和父母的心是疏远的。心远了，怎么会有有效的沟通呢？

与其抱怨孩子不愿意和自己沟通，不如尝试着改变自己的教育方式，多了解孩子的内心，多倾听孩子的心声。如此，才能激发孩子坦诚地说出自己的想法，增进相互交流，改善亲子关系。

把他当朋友，他才愿意和你说出心里话——自己人效应

某天，7岁的康康在房间里玩耍时，一不小心把妈妈梳妆台上的化妆品瓶子给打破了。妈妈听见响声赶过来一看，正想发火，但看到康康一脸受惊吓的样子，便瞬间改变了想法。妈妈不仅没有发脾气，反而耐心地安慰康康："没关系啦，妈妈小时候也摔破过外公的茶杯呢！东西摔破了妈妈下次再买一个就好了，不过以后我们一定要记得小心一些。"感受到妈妈深切的关怀，眼睛里噙满泪水的康康不由自主地躲进妈妈的怀抱里。

事情过去了大概一个星期，有一天妈妈带康康去公园玩，看到公园门口有卖玩具的，这些玩具中正好有康康最喜欢的铲车，于是妈妈就让康康挑一个。可是康康却连连摇头说自己什么也不想要，并告诉妈妈自己要把买玩具的钱省下来，攒钱给妈妈买化妆品。听儿子这么说，妈妈一脸感动，泪眼婆娑地暗自庆幸，幸好自己当时没有对孩子发脾气。

孩子犯错后，多数父母首先想到的是批评、惩罚孩子，却鲜有父母站在孩子的角度去为孩子考虑当下的境况与感受，也不曾考虑到这种责罚式教育会给孩子带来怎样的伤害和负面影响。在这方面，康康的妈妈做得比较好，你是否会从内心深处为她竖起大拇指，表示一下赞同？

其实，康康妈妈这种教育方式运用的就是"自己人效应"，就是用相同的经历来拉近自己与孩子的心灵差距，让孩子把自己当作可以依赖与信任的"自己人"。这样，孩子对"自己人"说的话就会比较容易接受，从而也会乐于改正自己的错误。

在人际交往中，双方存在信任关系，那么其中一方就会比较容易认同、接受，并采纳对方所提出的一些观点和建议；即便是对方提出一些不太合理的观点和要求时，那么另一方也会由于此种关系而不好意思拒绝，这种现象在心理学上就属于"自己人效应"。

如果能把"自己人效应"熟练地运用到家庭教育当中，那无疑是在孩子与父母之间架起了一座沟通的桥梁，可以更好地增进彼此间的交流与讨论。父母要想让孩子对你的想法、立场持认同态度的话，那么首先要做的就是把孩子与自己视为一体。因为只有视为一体，孩子才会认为你是"自己人"，从而走近你，与你倾诉，并由此产生情感上的共鸣，这样你的教育方式也会更容易让孩子接受。

那么，父母应该如何有效地运用"自己人效应"来与孩子进行良好的沟通呢？

1. 父母应该持有儿童心态

要想与孩子进行良好的沟通，父母首先就要与孩子成为朋友，从朋友的角度来思考、倾听。为此，父母首先应当拥有儿童的心态。

在一般的家庭中，绝大多数父母都习惯用成人心态和父母心态来对待孩子，无形中却让彼此的距离因缺乏沟通而渐行渐远。既然这样，那为什么不尝试用儿童的心态去教育孩子呢？

这里所说的"儿童心态"其实是指，让父母怀着一颗童心去体会孩子的感受并站在孩子的角度思考问题，去扮演孩子朋友的角色，方便双方之间更好地交流与互动。

比如，与孩子一起踢毽子、拍球，或者双方互相分享开心的趣事等，让自己成为孩子眼里的"自己人"。

2. 找寻双方的共同点

孩子逐渐长大，也会有着属于自己对人或事物的见解与看法，而且还会有自己喜欢的某个人或兴趣爱好。切记不要站在自己的角度随意评论孩子的喜好。比如，孩子觉得某个球星踢球的动作很帅，所以很喜欢他，此时父母不能因为自己的不喜欢而说出球星的一些负面新闻来。不然孩子就会认为你不理解他，转而去寻找与自己志同道合、有共同话题的朋友了。

此外，父母与孩子交流应努力寻找双方的共同点或相似点，以此来打开话匣子，促进彼此的交流。而不是只顾说一些自己想说的话，不管孩子是否有兴趣听。

3. 与孩子平等沟通

父母与孩子之间之所以存在代沟，很大一部分原因都是传统观念在作祟。一些父母对辈分有严格的界限，家长的姿态摆得很高，那么与孩子之间则很难做到平等的交流。要想打破这种局面，父母首先要从自身开始做出改变，抛弃俯视、高傲的姿态，以一种平视的目光、柔和的语气与孩子平等地沟通交流，借此缩短与孩子的心灵距离。

4. 拒绝站在孩子的对立面

叛逆期的孩子更需要父母耐心地引导，也需要在有爱的环境中生活。即使孩子做错事情了，父母也不能以打骂、吓唬的方式来压制孩子的想法与情绪。明智的父母在教育孩子时，一定不会站在孩子的对立面，相反他们会主动和孩子站在一起，帮孩子分析事情的对与错，找到解决问题的办法。

他为什么对父母的唠叨充耳不闻——超限效应

有人说，女人爱说话、爱唠叨，这似乎是女人的天性，特别是生了孩子以后更是如此，唠叨几乎成了妈妈们的"专利"。孩子每天听妈妈重复说着同样的话，久而久之就会感到厌烦，甚至产生抵触心理，不仅不会听妈妈的话，还会对妈妈的话产生"免疫力"。

上小学二年级的雯雯，只要放学回到家，第一件事就是把电视打开，也不写作业。因此妈妈每天都要从雯雯刚进家门时就开始唠叨："雯雯，先把作业写完了，再看电视！""雯雯，把电视关了，先来写作业，写完了再安心地看电视！""雯雯，你瞧瞧人家小雪，哪次不是先写作业的，你就不能学学人家吗？真是让人糟心！"

可是，不管妈妈如何唠叨，雯雯依旧纹丝不动地坐在沙发上看电视、吃零食，好像妈妈说的不是她。见到雯雯对自己的说教毫不理睬时，妈妈更是着急上火，只能加倍地唠叨。

这样的情景在雯雯家每天都会上演，对此，雯雯妈妈既无奈又苦恼。

其实，这样的情景在大部分家庭中都会存在，可以说是极其普遍的现象。对 7 ~ 9 岁的孩子来说，如果父母过度说教，那么他们会选择性地关闭自己的耳朵，把父母的唠叨当作噪声。久而久之，孩子会慢慢封闭自己的内心，不再与父母交流。心理学把刺激过多、过强或作用时间过久，从而引起极不耐烦或逆反的心理现象称为"超限效应"。具体到教育孩子的问题上，指的是短时间内，同一事件给孩子的刺激过多、时间过久，从而引起孩子不耐烦或逆反的心理现象。

一旦在教育孩子时出现了超限效应，那么批评教育在孩子身上刚刚起到的作用就会化为乌有。孩子在父母一遍遍的唠叨中，出现听力疲劳，或者逆反心理，往往再次犯错误时会选择欺骗，甚至干脆屡教不改。

令人遗憾的是，在家庭教育中，父母常会不自觉地扮演着"超限效应"父母的角色。上文案例中的雯雯妈妈，当她看到孩子只顾看电视、不想写作业时，就立马开始苦口婆心、集中轰炸式地说教。殊不知，这种唠叨只会让雯雯的内心从不安、内疚逐渐变成讨厌、反感，甚至无视、麻木的状态。假如雯雯妈妈不反省自己的错误，继续唠叨下去，那么雯雯最终会产生逆反心理和行为。

那么父母在教育孩子时，怎样才能既避免超限效应，又能让孩子听话呢？可以试试以下两个办法。

1. 指令清晰明确、现实可行

大多数时候，父母在教育孩子时，会发泄情绪似的唠叨个不停，不停地抱怨孩子，这不仅淡化了亲子关系，而且孩子根本没听明白你要他做什么。比如，孩子做家庭作业时拖拖拉拉，一会儿上厕所，一会儿去喝水，两个小时过去了还没有把作业写完。妈妈此时就很焦躁地说："每次写作业不是摸摸这儿，就是看看那儿，要说你多少遍，才能专心啊？"然后，妈妈看到杂乱的书桌后又开始絮絮叨叨："你就不能把书桌整理得干净、整洁一点儿吗？难怪写作业时不专心，一会儿看杂志，一会儿看手机……"

上面的指令中，妈妈一直在絮絮叨叨，根本没有明确地告诉孩子要做什么、该做什么。正确的做法应该是告诉孩子："我希望你在一个小时内专心地完成作业，然后把书桌收拾干净，才可以走出房间，再做其他的事。"瞧，这条指令中就有明确的时间、任务，以及你对孩子的期望。

2. 运用"我—信息"模式与孩子沟通

在对孩子进行行为问题教育时，父母只需就事论事，指出孩子的错误即可，千万不要翻旧账，随便给孩子贴标签。比如，学校举行模拟测试，孩子成绩不理想，也就没有告诉你，回家后，在你的一再追问下，孩子才敢如实相告。可谁知你气不打一处来，立马吼道："你说说你，哪件事做得好？写作业拖拖拉拉就算了，现在竟然学会隐瞒成绩了，你真是又懒又笨又不上进！"

其实，父母面对这样的情况，可以试着运用"我—信息"模式与孩子沟通，会达到意想不到的效果。

首先，描述孩子的行为："你今天回家没有主动告诉妈妈你的测试成绩。"

其次，讲出你的感受："妈妈很不开心，因为你剥夺了妈妈的知情权。我也很好奇，你为什么不愿意告诉妈妈？是怕妈妈骂你还是怕妈妈一直唠叨你？"

最后，表明你的需求："妈妈希望妈妈是你心中可以求助的人，妈妈渴望知道你的情况，也想帮助你。"

以上描述孩子的行为、讲出你的感受、表明你的需求三个部分组成的就是"我—信息"的沟通模式。这种沟通模式让孩子感受到父母的坦诚与平和，让孩子和父母可以更顺利地沟通，避免不当的沟通破坏亲子关系。

墨子告诉我们，话不在多少，而在于恰当。田间的青蛙每天都叫个不停，但是人们都不予理睬；而雄鸡每天只啼鸣两三声，人们就应声而起。这句话足以让父母明白，教育孩子要把握一个"度"，尽量避免物极必反，不要让唠叨的"超限效应"毁了孩子。

别把不良情绪带给他——踢猫效应

按照我们的想象，在孩子眼里，妈妈一定是最温柔可亲的，也是最爱自己的。但现实生活中，温柔的妈妈可不是时时刻刻都存在的。一旦被孩子激怒，或者受到外界环境的影响，妈妈就会立刻化身为情绪激动的"河东狮"，时不时地吼上一嗓子、咆哮一阵子。这样一来，妈妈的坏情绪就会影响到孩子，在孩子心里留下不愉快的记忆。

这样的表现在心理学上有一个有趣的名字，叫"踢猫效应"。说道"踢猫效应"，流传着这样一个故事：

一位父亲上班迟到受到了经理的严厉批评，下班回到家看到儿子没有认真做作业而是在看电视，于是就狠狠地骂了儿子一顿。孩子受了委屈无处发泄，便抬起脚一脚踢在了旁边的一只猫身上。

"踢猫效应"所描绘的是一种坏情绪的传染性。一般而言，当人的情绪受到影响而又无处宣泄时，就会去寻找自己的"出气筒"。这样一条充满坏情绪的传送带一路延伸下去，最终的受害者大多是弱者，也就是那只"猫"，正所谓"躺着也能中枪"，大抵说的就是那只无辜受气的猫。

如今的社会，大多数人的压力都很大，所以在心理上很容易产生焦虑、暴躁的情绪。如果不能及时地调整这种负面情绪所带来的影响，就会身不由己地加入到"踢猫"的队伍中——"踢"他人和被他人"踢"。在家庭教育中，因为孩子处于弱势，所以便成了那个被"踢"的人。

有个妈妈买了一条漂亮的新裙子，试穿时她问8岁的女儿："妈妈穿这条裙子好看吗？"女儿纠结了好久才对妈妈说："你不发脾气的时候就很漂亮，穿什么都好看；你一发脾气，这条裙子就和你不配了，显不出气质。"

女儿虽然才8岁，但她的脑海中显然对妈妈平时的表现已经做了划分。可见，妈妈情绪上的一举一动都会在潜移默化中给孩子留下难以磨灭的印象，所以父母千万不能把"情绪传染"当成一件小事来对待，事实上，它所带来的危害远不止这些。

这是一条损人不利己的情绪传送带。在这条情绪传送的纽带上，所有的人都是受害者，感染了不良情绪的"毒"，不仅没有及时去医治，反而还快速地传播给了身边的人，给他人的生活带来影响与困惑。

生活中，每个人都难免会遇到不如意之事，人们潜意识里会寻找身边亲近的人来发泄这些不良情绪。不良情绪一旦传播开，将难以控制，会直接影响到生活的方方面面。

身为父母，不仅要学会将自身的坏情绪扼杀在摇篮中，更不要做"踢猫"

的那个人。当出现坏情绪时，父母可以运用以下三个技巧在孩子面前控制情绪。

1. 改变不合理观念

控制情绪的第一秘诀，就是改变原来一些不合理的观念。比如，当与孩子的意见不一致时，父母应该加以引导，并做出正确的判断，切不可独断专行。某些时候不妨换位思考一下，尽量多理解、多沟通，试着为孩子打造一个积极、阳光的成长环境。

2. 调节自身微表情，并适当转移注意力

人的面部和身体会受到自身心态的影响，而产生一系列的表情反应。比如，高兴时微笑、悲伤时哭泣等。当与孩子交流时，父母不要随意将自身情绪不好的一面展现给孩子，注意调节自身的微表情，以免孩子受到不良影响。此外，与孩子沟通时，如果气氛尴尬或者进行不下去的时候，父母可以暂时停止交流，用其他事物转移一下彼此的注意力。比如，接电话、喝水等，试着营造一个轻松愉悦的交谈环境，避免焦躁情绪的产生。

3. 学会调节自我情绪

当情绪不好又无法找他人宣泄时，可以试着听一段舒缓的轻音乐，或者适当地做一下有氧运动，让紧张的情绪逐渐得到释放，让自己的心情慢慢平静下来，有效地调节好自己的情绪。

尤其需要注意的是，父母在情绪失控的情况下，很容易口不择言地说出一些伤人的话语。俗话说"冲动是魔鬼"，一定要避免一时口快而做出伤害孩子的举动。因为看似无心的一句话，对幼小的孩子来说，也可能是一种莫大的伤害。

希腊哲学家亚里士多德说："生气很简单，但如何控制、调节好自身的情绪，就没有那么简单了，需要从各方面去努力。"只有拒绝传递"踢猫效应"，不做"踢猫"人，并远离不良情绪，才不会危及孩子，从而让孩子拥有阳光心态，在积极向上的氛围中幸福生活。

用鼓励代替羞辱——南风效应

著名的法国寓言作家拉·封丹曾经写过这样一则寓言：

北风和南风为了比试谁的威力大，就商量着看谁能把路上行人的大衣吹掉。北风铆足了劲呼呼地刮，想让凛冽刺骨的寒风把行人的衣服吹掉，结果却适得其反，行人为了抵御风寒的入侵反而将大衣裹得更紧；而南风呢，不慌不忙，慢慢地吹起了一阵温柔而暖和的风，顿时风和日丽，温度很快上升，行人觉得天气暖和不需要穿这么厚了，于是纷纷开始脱掉大衣。

结果很显然，南风获得了胜利。

故事中的南风之所以能够取得胜利，关键在于它懂得人的内在需求，结果用温暖战胜了严寒，这就是心理学上著名的"南风效应"，也可称为"南风法则"或"温暖法则"。

"南风效应"告诉了人们一个很简单的道理：给予他人温暖比严寒会更容易让人接受。在家庭教育中亦当如此，鼓励比羞辱、惩罚会更有效。每个孩子在成长的过程中都避免不了犯错误，重要的是如何在错误中吸取经验与教训，找到错误的根源，从源头上解决问题。

令人惋惜的是，现实中很多父母在面对孩子犯错时，都是以一种简单、粗暴的方式来对待问题，不曾考虑孩子的感受，这就容易导致孩子"破罐子破摔"。虽然说"望子成龙，望女成凤"是天下所有父母的心愿，但若在教育中不讲究方式方法，一味地采取打骂、奚落或者挖苦的方式，将非常不利于孩子的身心健康成长。

小宇是一名小学二年级的学生，今年放暑假时，小宇妈妈看假期时间长便打算让孩子去上个补习班，但小宇却说不喜欢，怎么都不肯去。既然不肯去，小宇妈妈也不好强迫，想着孩子只要能在家里认真学习也是不错的。可事与愿违，小宇在家成天就是看动画片、玩玩具、玩电脑游戏，作业早被他抛到脑后去了。妈妈每次都苦口婆心地规劝好久："乖，小宇，只要你认真做作业，妈妈就给你做好吃的。""你不写作业，我明天就把网断了。""听到没有，赶紧关掉电视，不然我对你不客气了。"等。家里面每天都充斥着妈妈不同腔调的各种威逼利诱的声音，可小宇根本就听不进去，依然我行我素。

眼看着假期都过去一半了，小宇的作业几乎没动，妈妈很着急。这天，在催促了几次依然不起作用后，妈妈一怒之下把家里的电源给切断了，这下小宇才不情愿地进房间去写作业。一个小时后，妈妈过来检查，却发现小宇才做了两道题，而且都没做对。看到小宇这样不争气，妈妈非常生气，抬手就给了小宇一巴掌，紧接着又把小宇推出了门外，让小宇在楼道里自我反省。没过多久，妈妈打开门问小宇："知不知道自己错了，以后听不听妈妈的话？"可不管妈妈如何问，小宇都一声不吭地拒不认错，脸上毫无悔改之意。

当孩子犯错后，很多父母都习惯于充当"北风"的角色，想用凛冽的寒风吹走他人身上那层犯错的外衣。俄国著名的哲学家、评论家别林斯基说过："幼儿的心灵最容易受到各种印象的影响，甚至最轻微印象的影响……如果经常受到惩罚，人的性格就会变得粗暴、冷酷、残忍，会变得麻木不仁，到最后任何惩罚对他都会显得无效。"由此可见，恐吓、威逼下的"北风"式教育方法实际上是不可取的。受此影响，孩子容易缺乏独立自主的意识与处理问题的能力，同时也会缺乏自信心和责任感。

因此，父母要试着用温暖的"南风"来关爱、引导孩子，实现温情教育，毕竟"温暖"还是优胜于"严寒"的，用一种"人情味"式的表扬方法来鼓励孩子、挖掘孩子身上的闪光点，使孩子的心灵得到满足，从而产生努力做得更好的愿望与憧憬，这样才能起到事半功倍的教育效果。

那么，家庭教育中父母应该如何与孩子沟通，才能够既温暖孩子的心灵，又能达到教育孩子的目的呢？

1. 少些命令，多些商量和建议

命令式的口吻，非常容易让孩子产生抵触情绪，甚至是逆反心理。当你命令他不许看电视、好好学习的时候，他反而会偷偷地看手机、玩游戏，就是不学习；当你命令他放学后必须马上回家的时候，他反而会故意磨磨蹭蹭，拖延回家的步伐。

父母不妨把命令改为商量和建议，多给孩子一些思考的空间和说话的机会。即便你内心非常强烈地反对孩子做某件事情，也不要简单、粗暴地命令，而是应该对孩子说"你觉得这样会不会好些？"

2. 要客观地看待孩子做事的动机

日常生活中，人们很容易受到下意识的影响而片面地去看待问题。只要孩子一犯错，父母第一反应就是去批评、去教育，却没有认真想过孩子为什么会这么做，也许他做事的动机是好的。对7~9的孩子来说，他们的心智还不成熟，对事情的发展和结果往往无法准确预料，因此可能"好心办坏事"，所以，客观地看待并了解孩子做事的动机是很有必要的。举个例子，孩子觉得妈妈辛苦，想削一个苹果给妈妈吃，可是又不会正确使用水果刀，结果一不小心把手指给割破了，这种情况下虽然结果出了问题，但孩子的动机是好的，此时父母应该安慰受伤的孩子，而不是一味地批评、指责孩子。不然，孩子会认为好心得不到好报，以后就不再这样做了，到那时父母再后悔就来不及了。

3. 多宽容犯错误的孩子

孩子犯了错误，本来就会害怕、内疚，父母这时候就没有必要一直揪着孩子的错误不放，一味地指责、谩骂。父母不妨转换一下思路，用宽容的心态去包容孩子的错误，给予孩子足够的安慰与理解，让孩子认识到自己所犯的错误带来的后果，他才能更好地改正错误。

4. 善于发现孩子的优点、闪光点

每个孩子身上都有值得学习的优点与闪光点，父母要做的就是努力挖掘这些优点与闪光点，及时地表扬与赞赏孩子。这样更容易让孩子产生自我认同感，因为他会觉得自己还算是优秀的，只要再努力一把就可以变得更优秀。

需要注意的是，父母切不可为了奖励孩子，就编造一些与孩子实际不符的情况进行鼓励，那样不仅达不到教育的目的，反而会让孩子养成说大话的坏毛病。

其实，教育孩子也是一门深奥的学问，需要用心去对待。如果父母不能把话说到孩子心里，教育的效果就会大打折扣。所以，父母不妨巧妙地利用"南风效应"，用鼓励代替羞辱，让孩子在成长的路上学会自我反省与自我进步。

别对孩子实施"语言暴力"——瀑布心理效应

中国有句老话叫作"说者无意，听者有心"，意思是说一个人无意间说了一句话，而听话的人却听进了心里，并由此产生心理波动。这种现象在人际交往中屡见不鲜，这种由不当的表达方式带来的心理变化，犹如悬崖上的瀑布，崖上看似平静，崖下却早已浪花飞溅，这就是"瀑布心理效应"。

小宇 7 岁时，有一次给鱼缸换水，不小心把鱼缸摔破了。小宇的妈妈非常生气，恶狠狠地对他说："你就不能小心点儿吗？下次再这样，我就打破你的头！"小宇顿时吓得眼泪流了下来，再也不敢做任何妈妈不答应的事。

小宇 8 岁时，有一次因为数学考试成绩不理想，妈妈不但没有和小宇一起分析原因，引导他思考，反而对小宇大呼小叫："你怎么不向隔壁轩轩学习？别人上学，你也上学，别人考 90 分，你就只有60 分！每天只知道玩，你到底是怎么学的？简直笨死了！"小宇听了妈妈的话后，心里十分难过。长此以往，小宇便认为自己是一个笨孩子，不仅变得自卑起来，学习上更是消极对待。

瞧，这就是典型的"瀑布心理效应"在日常生活中的表现。大家可以试想一下，小宇每天面对这样的语言暴力，内心该是多么的无助和伤心。

如今，随着教育理念的进步，人们对于打骂的教育方式已经有所改观，但对于"语言暴力"，大部分父母还是认识不足。事实上，相较于"家庭暴力"，这种隐形的"语言暴力"带给孩子的伤害也不容小觑。

语言暴力轻则损害孩子的自尊心和自信心，重则造成孩子心智失常，使孩子没有勇气面对生活和学习，甚至会诱发孩子厌学、逃学、违法犯罪等不良后果。

俗话说"一石激起千层浪"，大多数情况下，父母没有察觉到"语言暴力"的危害性，更没有意识到会对孩子产生如此深远的影响。现如今，在家庭教育中，父母对孩子的语言暴力和危害主要表现在以下两个方面。

第一，恐吓。这是一些父母惯用的方法，用言语恐吓、威胁孩子。其实，对于7～9岁的孩子来说，他们早已熟知父母的套路，也明白父母仅仅是说说而已。因此，当他们面对父母的恐吓时，不仅不会听从父母的安排，还有可能会在心里嘲笑父母。所以，这种沟通方式对7～9岁的孩子来说是没有用的，孩子不但不会听父母的话，反而还会产生叛逆、偏执、强迫等不良心理。

第二，比较。有些父母对孩子有很高的期望，希望孩子样样都好，孩子要是没有达到父母的要求或是哪次考试成绩不理想时，父母就会不自觉地拿自己的孩子和别人的孩子作比较。比如，"你真没用，你看看人家××，每次考试都比你考得好。""你果然不是读书的料，还不如不读。"

通常，这样的"语言暴力"会给孩子的内心造成不小的伤害，导致孩子出现两大负面影响：一是导致孩子产生自卑心理，觉得自己处处不如别人，甚至"破罐子破摔"，自暴自弃；二是导致孩子产生仇恨心理，觉得父母之所以批评他们，正是因为那些优秀的孩子，因此处处与父母作对，以此来发泄内心的不满。长时间在这种负面影响下成长的孩子，性格会越来越怪异，心理也越来越狭隘，最终会影响孩子的身心健康成长。

由此可见，父母对孩子实施的"语言暴力"所带来的伤害不容小觑，在这样的语言环境下，孩子犹如惊弓之鸟，唯唯诺诺而毫无进取心。

既然"语言暴力"对孩子的影响是如此严重，那么父母如何说孩子才会听，同时又能避免"瀑布心理效应"呢？

1. 善于把"命令"转化为平心静气的劝导

父母都希望孩子能懂事，能健康成长。在这种心理的驱使下，父母经常态度急切，情绪暴躁。尤其是孩子逐渐长大之后，有了自己的主意，经常表现得不太听话时，父母说话的语气就会日趋严厉，耐心越来越少，脾气越来越大。明明是指导性的话，一不留神就变成了严厉的指责；明明是传授做事的方法，却变成了不容置疑的命令。比如，"不准哭！""住嘴！""我说不行就不行！"

父母用命令的方式和孩子说话，甚至大发脾气，对孩子来说"后果很严重"。比如，孩子对父母的命令不以为然，甚至产生逆反心理，就算孩子当时按父母的话做了，心里也不服气。时间长了、次数多了，父母越是强制他做什么，他越不愿意做什么。这样，教育的效果就会适得其反。

所以，父母应该转变态度，换位思考一下，控制好情绪，以亲切、关爱的口气跟孩子说话，才能让孩子心平气和地按照你的想法去做。当孩子没有按父母的要求做事时，父母不要动辄大发雷霆，要用商量的口气进行引导，可以编个故事或者举个实例讲给孩子听，启发孩子进行学习和模仿。

值得注意的是，父母在教育孩子时，并不是完全不能使用"命令"的方式，在涉及做人、做事的原则问题时，就需要孩子不折不扣地执行自己的"命令"，但事后要讲清缘由，把其中的道理用孩子能接受的话语解释透彻。

2. 给孩子安全的语言环境

在生活中，我们总是能听到父母这样的话语：

"不要再哭了，再哭就把你关门外。"

"不要到处乱跑，再跑你就被坏人抓走了。"

"你不听话，妈妈就不要你了。"

……

在生活中，很多父母在孩子不听话的时候都会用这样的语言来威胁孩子，殊不知这样的语言会对孩子的心灵造成伤害，大大破坏了孩子的安全感。而且，孩子一旦识破了父母的谎言，认为反正是吓唬人的话，以后更会任性胡闹，越发不听话。7~9岁的孩子同样需要来自父母的安全感，父母给孩子一个安全的语言环境是十分有必要的。抛弃那些含有威胁、恐吓、粗暴的语言，用亲和、关切、温柔的语言与孩子沟通。安全的语言环境对孩子的成长有至关重要的作用，可以让孩子安心地成长。

第五章

人际关系——7~9岁的孩子有了
相对稳定的交际圈

良好的交往能力是建立良好人际关系的基础和前提。对于7~9岁的孩子来说，这一阶段他们的人际关系开始变得复杂，不再局限于家庭范围内。随着活动范围的扩大，他们有了更多的小伙伴，此时他们也开始意识到自己与他人的区别。儿童叛逆期是儿童社会化的重要阶段，也是儿童社会化的重要途径。那么，利用孩子这一阶段社交的关键期，让孩子学会与人相处、与人交往，培养孩子的交际能力，就成为家庭教育的重要一课。

"我们一起玩吧"——7~9岁的孩子同伴交往的特点

同伴交往是指孩子与同龄小伙伴之间的交往，是孩子发展的心理需求。即使是在幼儿阶段，在需要父母帮助的情况下，孩子也会主动地提出要求或采取行动来积极地寻找自己的玩伴。到了7~9岁时，随着年龄的增长、认知能力的增强，孩子逐渐渴望脱离父母的包围圈，寻求更多的同伴与之玩耍嬉戏。这种同伴交往对7~9岁的孩子的影响越来越大，也为他们日后进入社会，发展人际关系奠定了基础。

那么，7~9岁的孩子与同伴交往是怎么发生的呢？2~6岁时，孩子开始发展自己的社交能力，小伙伴在一起玩耍会通过分享、互换玩具、合作等方式来增加彼此间的情感交流。到7~9岁时，孩子与同伴交往的频率伴随着年龄的增长而增加，交往时间变长，活动内容更广泛，积极性与合作意识也变得强烈起来。

课外活动时，亮亮看到轩轩在玩飞盘，于是对轩轩说："把飞盘给我玩会儿，你都玩了很久了。"轩轩说："不行，才玩了一会儿呢！"亮亮见轩轩不愿意给自己玩，便动手去抢，一边抢一边说："老师说要学会分享，你先给我玩会儿。"最终力气大的亮亮采用"硬抢"的方式从轩轩手里成功抢走了飞盘。类似这样的情形经常出现，导致后来大家都不愿和亮亮一起玩儿了，亮亮越来越被孤立了。

再来说说冉冉。冉冉是个温柔、有些内向的女孩子，平时在学校不善于交朋友，也很少和同学发生矛盾，她总是一个人独来独往，所以很少引起别人的关注。

亮亮和冉冉在人际交往方面的共同点是不合群，几乎没有同伴。但如果对他们的行为加以细分的话，又能发现不同。在心理学上，亮亮和冉冉分别属于不同的同伴交往类型。

心理学家经研究发现，儿童的社交领域也是有地位分化情况的，主要有受欢迎、被排斥、被忽略、一般四种类型。它们的基本特征如下所述。

1. 受欢迎型

受欢迎的孩子大多喜欢积极主动与他人交往，并且在交往的过程中给人一种友好、互助的印象，让交往的对方感到舒适从而愿意与他们一起玩，并发展友谊。受欢迎型的孩子在同伴中享有较高的地位，也具有一定的影响力，很少会有孩子拒绝与他们一起玩耍或者讨厌他们。

2. 被排斥型

被排斥的孩子一般性格外向、活泼好动且容易冲动，这类孩子喜欢往热闹的地方扎堆儿。看到什么好玩的、有意思的活动就会采取不友好的交往方式来强行加入，会发生抢夺玩具、推打小朋友、攻击他人等行为，因此他们得不到同伴的喜欢，常常被同伴排斥、拒绝，导致交往关系不融洽。

3. 被忽略型

这类孩子不善于交际，具体表现为害羞、胆小、不爱说话、喜欢安静，做什么事情都是独自一个人；不主动去接近同伴、老师，不敢发表自己的意见，甚至连大声说话都不敢，不愿意参加集体活动，在人群中毫不显眼。没有同伴会主动喜欢他们，他们对别人也产生不了伤害，所以同伴也不排斥他们。这样的孩子似乎在同伴心中根本就没有分量，因此容易被忽略、被冷落，得不到重视。

4. 一般型

这类孩子在与同伴的交往中各方面行为表现一般，让同伴感觉不到足够的热情与友好，也不是冷淡与敌对的类型，所以在交往中不容易得到所有人的喜欢，但也还是能交到部分朋友，既不被人忽略也不被人排斥，因此在同伴心目中所受到的喜爱程度一般。

在7~9岁的孩子的交往群体中，这四种同伴交往类型所占的比例皆是不同的。其中，受欢迎型的孩子约占13%，被排斥型的孩子约占14%，被忽略型的孩子约占20%，一般型的孩子约占53%。这里面被排斥型孩子与被忽略型孩子加起来的总数又约占了34%，也就是说社交不合群的现象平均每3个孩子里面就会有1个。由此看来，父母对孩子的同伴交往问题应该加以重视，就像重视孩子的学习成绩一样。

现在回过头来分析上面提到的两个孩子。亮亮性格活泼，会主动和同伴一起玩耍，但由于与伙伴的相处方式不当导致伙伴关系失衡，遭到了同伴的排斥，因而交不到朋友。他属于同伴社交类型中被排斥的孩子。而冉冉呢，性格内向、不善交际、沉默寡言、做事独来独往，她属于被忽略型的孩子。

同伴交往在儿童的身心健康发展和社会化的发展过程中有着非常重要的作用，对于7~9岁的孩子来说，同伴交往为他们提供了解决矛盾、交流沟通、分享合作的机会。孩子在与同伴交往的过程中，向同伴发出友好的信号，如微笑、请求、分享等，从中学习如何与他人建立良好人际关系的诀窍，如何巧妙化解矛盾与冲突，如何在交往中坚持己见、吸取他人的经验，怎样处理个人与团队、集体的友好关系，怎样对待合作与竞争的关系，等等。

良好的同伴关系不仅有利于孩子养成互帮互助、分享合作的团队意识，还可以让孩子在这种团队意识下形成乐观、积极、自信、开朗的性格，这对他们日后的社会适应能力、智力发展也起着很好的促进作用。如果孩子在同伴交往中产生困难，不仅容易引发交流障碍，还可能影响孩子的心理发展，甚至对以后的人生带来一系列的问题。比如，缺乏交往能力引起的社交障碍、求职失利等。

所以，父母可以参照同伴社交四种类型基本特征的情况分析，来对比自己的孩子属于哪种类型，并结合7~9岁的孩子的一些心理特点，引导孩子友好地与同伴和谐相处、顺畅沟通，从而建立起良好的人际关系。

父母应当帮助孩子更好地完成社会化

牛牛从小跟着爷爷奶奶在老家长大，由于爷爷奶奶平时很少带他外出，所以牛牛特别怕陌生人。妈妈把牛牛接回城里后为了改变这种状况，每天都会主动带牛牛下楼让他和同龄的小伙伴玩，周末还会带他去朋友家或邻居家串门。

但是，牛牛依然很怕见陌生人，去别人家做客时就一直紧紧地跟在妈妈身后，也不说话，家里有客人时他也喜欢躲在自己的房间里不出来。一个周末，爸爸的朋友李叔叔带着8岁的儿子雷雷前来做客，牛牛在客厅里独自玩着溜溜球，也没和叔叔打招呼。当雷雷走过来看牛牛玩溜溜球时，牛牛却突然紧紧地抱着溜溜球一句话不说。就在雷雷主动伸出手想与牛牛握手时，牛牛竟然一把推开雷雷跑回了自己的房间，并锁上了房门。不管爸爸妈妈在外面如何说，牛牛就是不开门。

对此，爸爸妈妈很是无奈，不明白牛牛这是怎么了，更不知道怎么做才好。

这个案例中，牛牛之所以会出现不与雷雷玩耍、不与人打招呼的行为，是因为在这些陌生人面前，他产生了一种恐惧心理。7~9岁的孩子已经有了独立意识，对社会情感的感知能力、记忆能力有了提高，开始对新鲜事物产生好奇心，再加上接触的范围越来越广泛，所以也拥有了探索未知世界的欲望。但这一切都仅限于在熟悉的人和环境中，一旦孩子遇到他之前从未见过的人或事物，便会表现出胆小、怯弱的样子。

孩子初次遇见陌生人时，内心会产生抗拒，不愿与之交往，但只要冲破阻力跨出第一步后，慢慢地随着交往时间的增加和交流的增多，孩子眼里的陌生人便逐渐转换为熟悉的人了。孩子如果不能顺利地与人进行正常的交往，就不能有效地完成社会化，这对孩子的成长十分不利。

对于 7 ~ 9 岁的孩子未完成社会化的原因，这里总结了以下三个。

1. 缺乏安全感

孩子对身边最亲近的人从心理上产生了特别强烈的依赖感，但妈妈或者其他最亲近的人恰恰又采取了一些不正确的教育方式，从而影响了孩子，就容易造成孩子对他人缺乏信任，甚至产生逃避社交的心理，导致孩子人际关系经验的缺失。

2. 父母教养方式错误

父母过分担忧孩子受到伤害、欺侮，怕孩子不好好学习、贪玩，所以整天把孩子关在家里，限制在自己的视线范围之内。

3. 孩子性格内向、害羞

孩子性格缺陷导致不善于交际，造成孩子产生躲避的心理，害怕见陌生人，也不知道如何与人友好地相处。

从心理学的角度来看，怕生是 7 ~ 9 岁这个年龄段孩子的一种正常现象，但父母也不可掉以轻心。如果不加以引导任其发展，那么将来也有可能会影响孩子的社会化进程。所以父母一定要用正确有效的方法来教育孩子，让孩子对陌生人产生高度警惕的同时又能做到大方得体、不失礼貌。

那么，父母应该如何采取行之有效的方法来帮助孩子完成社会化呢？

1. 循序渐进，逐步扩大孩子和陌生人交往的范围

孩子在和陌生的人交往时，喜欢和对方保持一定的距离和范围。对此，父母可以采用循序渐进的办法，从孩子比较熟悉的人开始，一步一步地扩大孩子和陌生人交往的范围，帮孩子慢慢地克服怯弱、胆小的心理，逐渐适应与陌生人沟通交流。

2. 不强迫，让孩子以轻松愉快的态度面对陌生人

父母都很想快速帮孩子改掉怕生的毛病，但俗话说"心急吃不了热豆腐"，凡事切勿操之过急。如果父母一厢情愿地勉强孩子和陌生人亲近、交流，那只会适得其反，增加孩子的抵抗与排斥心理。父母不妨先让孩子和陌生人简单地熟悉后，再让孩子和陌生人接近、交往，这样才能消除孩子的顾虑，让孩子以轻松愉悦的心态去面对陌生人。

3.投其所好，从孩子比较喜欢的陌生人开始接触

通常来说，在陌生人中孩子比较偏向于喜欢和蔼可亲的女性和可爱的小朋友。所以在一些陌生的人群和环境中，父母可以根据孩子的这些喜好来投其所好，选择孩子较喜欢类型的陌生人来慢慢让孩子接触，帮孩子扩展社交的范围。

宁宁是个内向且害羞的小女孩，平时不爱出门，总是喜欢一个人在家跟她的布娃娃做游戏。她见到陌生人不仅会害怕，有时面对陌生人的问话还会被吓哭。

为了彻底改变宁宁这种懦弱、胆小的性格，妈妈经常带宁宁去一些人多的地方，以便给宁宁提供更多的锻炼机会。后来，妈妈发现小区楼下有一家活动中心，有许多妈妈经常带着孩子在那里画画、剪纸、练字，里面还有很多其他可玩的项目。

于是，妈妈每天都带着宁宁去那里。刚开始宁宁不敢说话，也不主动与他人交流，总是一脸羡慕地坐在椅子上看着别人玩。看到女儿这样，妈妈拉着宁宁主动去找小伙伴，并引导宁宁和其他孩子打招呼："宁宁，告诉妹妹，你想和她一起玩吗？""你看小妹妹真可爱，穿的花裙子也好漂亮，你要不要和小妹妹握个手呢？""这个小朋友比你小哦，是弟弟哦，你要照顾他。"通过这种交往方式，宁宁的胆子渐渐地变大了，话也多了起来，也敢主动和叔叔阿姨打招呼了。

从宁宁的案例中可以看出，投其所好试着让孩子和同龄的小朋友或者和蔼可亲的阿姨打招呼，可以让孩子从一定程度上消除戒心，从而放松紧张的情绪并不再害怕，快速地融入与陌生人的交流互动中来。

孩子为何把老师的话当"圣旨"，却不听父母的话

如果要问父母："对孩子来说，谁说话最管用？"很多父母的答案是"老师"。

毫不夸张地说，孩子常常对父母说的话置若罔闻，当空气一样。而老师说的话却像一道圣旨一样，他们不仅仔细地听还认真地去执行。于是很多父母经常会这样吓唬孩子："你再不听话，我就去告诉老师了……"

小倩今年8岁，上小学二年级，各方面表现都良好，唯独有件事让爸爸妈妈颇为头疼。在家里，不管爸爸妈妈给小倩安排什么事情做，她常常是一副充耳不闻的态度。而且，她还总是质疑爸爸妈妈的决定，却把老师说的话挂在嘴边："老师是这样说的，你们说的不对……"

有天晚上吃完晚饭，小倩还不肯去洗澡，在沙发上蹦蹦跳跳地说要跳舞给大家看。妈妈叫了好几遍，小倩都没动，最后妈妈实在不耐烦了，便大发雷霆冲小倩发了火。可就算这样，依然没有起到任何效果。这时一旁的爸爸突然在小倩耳边窃窃私语了几句，只见原本蹦蹦跳跳的女儿突然间就像被施了魔法一样，立马停下来了，并且主动走到妈妈身边说要去洗澡。

妈妈一脸愕然，对于小倩突然转变的画风有点儿疑惑不解，问小倩爸爸："哎，你刚刚给女儿说了什么呀？她怎么就乖乖决定去洗澡了？"

"就是搬出'告诉老师'这条紧箍咒啊！"小倩爸爸回答。

妈妈听完无奈地摇了摇头，搞不懂孩子为何把老师的话当"圣旨"，却把父母的话当"空气"。

生活中这样的场景是不是随处可见？很多孩子在家和学校时判若两人，

在家不听话惹父母生气的"熊孩子"到了学校似乎全都变了样，不仅听话、懂事，还乖巧、讲礼貌。老师不会魔法，每天又要管理那么多学生，为何能让孩子乖乖听话呢？而父母的话又为何在孩子面前却越来越缺乏力度了呢？

事实上，几乎所有的孩子都存在这一现象。只不过，相对于更大一点的孩子来说，7～9岁的孩子表现得更为明显。这主要源于以下三个方面的心理原因。

1. 崇拜对象的转移

大部分孩子从出生到3岁左右的时间，主要是和父母在一起，所以彼此的关系是最为亲密无间的，对父母的依赖感也比较强。随着年龄的增长，孩子上小学后心理逐渐发生了变化，他见识到了外面更为广阔的世界，而这个世界的引导者就是老师。为了引起老师的关注与表扬，孩子就格外地听老师的话，对父母的话就不怎么放在心上了，这也是很多孩子"老师怎么说就怎么做"的原因。

2. 父母缺乏应有的威严

有些父母在教育孩子时，往往会在孩子的撒娇、哭闹中败下阵来，率先妥协，无原则地去满足孩子的要求，所以就导致孩子养成了唯我独尊的坏习惯，对父母说的话既不愿听又不会去执行。更糟糕的是，有些父母还把孩子的这种表现当作有主见、有个性，而不加以正确引导。

相反，老师是以"严而不厉，爱而不溺"的教育态度教导孩子的。老师会给孩子一定的表现机会，一般也不容易受到个人感情的影响，也就是说老师不会宠溺某一个孩子。再加上，上学后的孩子眼界拓宽了，心理上也会对"上知天文，下知地理"的老师产生崇拜之心，所以在他们心目中老师的威严自然也是要强于父母的。

3. 孩子在家没有受到父母的正面关注

在家庭中，孩子如果没有得到父母足够的关注与重视，心灵便会逐渐与父母疏远。而老师对于孩子的关心与了解恰恰填补了这一情感的空缺，对老师的依赖与崇拜之情促使孩子的情感天平慢慢向老师倾斜，自然而然也就更倾向于执行老师的指令了。

以上三点便是孩子只听老师话，不听父母话的主要心理原因。虽然这种现象很普遍，但对于孩子崇拜对象的转移，父母是否也要检讨下自己的行为呢？

令人感到惋惜的是，有的父母不仅不从自身找原因，反而还抱怨孩子"胳膊肘向外拐"，甚至嫉妒取代自己权威的那个人，在孩子面前强调"我才是你妈妈，你只能听我的"。这种情感的表达反而容易造成双方之间的沟通障碍，还可能影响到孩子的身心健康。

如果父母希望孩子对你的吩咐与命令心甘情愿地接受，不妨试着重新调整下自己的思路，具体可以从以下两个方面入手。

1. 提高自身的素质和修养

作为父母不妨先从提高自身的素质和修养开始，给孩子树立一个好的榜样，注意自己的一言一行并保持一种良好的情绪状态。平时多读书，增强自己的知识储备，拓展解决问题的思路。当面对孩子提出的"十万个为什么"时充当孩子的百科全书，正确解答孩子的问题；当孩子遇到困难的时候，能够心平气和地启发孩子找到解决办法。总之，父母只有从自身做起，为孩子做出表率，让孩子对你产生崇拜和敬重，孩子才会对你心服口服。

2. 调整自己的教育方法

中国有句古语"惯子如杀子"，意思是说对孩子太过于宠溺相当于是在间接杀死自己的孩子。在蜜罐中长大的孩子，只知道享受却难以体会到生活的艰辛，自私自利、唯我独尊。父母们避免过于严厉让孩子与自己产生距离感，但也不能太宠溺孩子，对孩子的要求一味满足。大事讲原则，小事讲风格，恩威并施才能避免孩子把自己的话当成耳旁风。

父母也要学会赞美和赏识孩子的行为。美国行为主义心理学家梅格·安妮说过："赏识孩子意味着什么？一个赏识的微笑，就好像阳光照在含苞待放的花朵上，赏识就是洒向孩子生命的一道阳光、一缕空气和一汪泉水。"对孩子来说没有比得到称赞更让他们惊喜的礼物了。哪怕孩子每天只有一点点进步，也要给予鼓励。一味地斥责与批评只会增加孩子对你的反感，与你疏远，甚至再也不愿与你交流。

虽说孩子选择听老师的话是好事，老师教给他们文化知识，但成长过程中父母对孩子的影响也是不言而喻的，父母绝对不能放弃自己的责任，所以父母应努力做好孩子的榜样，关注孩子的内心需求，对孩子多一些陪伴少一些苛责，相信每个孩子都能与父母友好相处，并愿意听从父母的话。

能够与小伙伴友好相处，但有时也会打架

龙龙和安安今年都8岁，两人不仅住在同一个小区，而且是同班同学，所以平时关系很要好。一个周末，龙龙带着爸爸新买的玩具小汽车，约上安安在小区附近的公园里玩。两个小伙伴玩得开心极了，时不时都能听到他们爽朗的笑声。

可没过一会儿，两人就因为"这款玩具汽车是否就是《熊出没》里光头强砍树的那款汽车"而产生了激烈的争论，进而就打起来了。闻讯赶来的两位妈妈在了解了事情的缘由后，无奈地摇了摇头，一时间竟不知如何是好。

这样的场景是不是很熟悉？相信大多数父母都曾遇到过这样的场景：两个孩子上一秒还一起玩得欢乐，下一秒就打起来了。这时，父母往往既着急又无奈，不管吧，怕孩子打伤别人，也怕孩子被打伤；管吧，都是孩子平常要好的小伙伴，不知道该如何管。

事实上，打打闹闹是孩子的天性，这是他们成长过程中的一堂人际交往课。孩子之间的这种打闹，往往都是在一起玩耍的时候才产生的，这种打闹和讨厌与否并没有直接的关系，一般情况下也算不上"欺负"与"被欺负"。

通常情况下，7～9岁的孩子之间打架，是由于人际交往能力不成熟引起的，他们缺乏一定的社交经验，不知道如何沟通，也不懂分享与合作的重要

性，更不懂如何理性地处理同伴间的矛盾和冲突，所以在与小伙伴交往的过程中，大多时候能够友好相处，一旦遇到分歧，情急之下就会选择用拳头来解决问题。当然这中间也不排除有个别嚣张跋扈的孩子，认为自己说的句句有理，而采取打架的方式来树立自己的威信。

此外，7~9岁的孩子处在认知和学习的关键期，模仿能力比较强，对于电视中出现的一些打斗的情节，可能会由于好奇心的驱使而加以模仿，从而在玩耍时把对方当作坏蛋、小怪兽去攻击。

从事情的本质上来说，大部分7~9岁的孩子打架就如同小动物之间打架一样，是人际交往中不可避免的一种行为。而且打架对孩子的成长来讲并非完全是坏事，孩子通过打架可以慢慢地学会如何处理人际关系中的矛盾与冲突。

日本教育学家认为"打架能培养孩子的自尊心"，因此，父母应理智地看待孩子打架的问题，积极引导，帮助孩子正确处理问题。除了正确引导孩子，对于孩子之间平常的小打小闹，父母也应避免参与其中，不然无形中就会给孩子造成压力，还有可能引起两个家庭之间的误会与矛盾。

父母可以试着给孩子传达这样的一个信息：人际交往中发生争论与冲突是常有的事，不管对错，都是可以一起协商然后找到解决办法的。这种信息的传达有助于孩子养成豁达、宽容的心态，而这种心态也是人际关系中必不可少的。

在日常生活中，父母给孩子讲述"分享""谦让"等主题的故事，潜移默化地影响孩子与人相处的方式。此外，还要教给孩子人际沟通的技巧，减少孩子在与小伙伴的相处中产生矛盾和冲突。

父母可以借鉴以下的技巧。

1.防患于未然：教会孩子如何正确地表达友好

在日常生活中，父母可以通过示范、演练来告诉孩子如何与人相处，如何表达友好。比如在电梯里碰到邻居，父母可以先向对方打招呼，然后告诉孩子应该如何称呼对方，如何向对方问好。通过示范和演练，可以让孩子明白在人际交往中如何正确地表达友好。

2.冷静处理：让孩子明白自身行为对别人产生的影响

虽然孩子打打闹闹是正常现象，但这并不代表当孩子出现打架的行为时，父母可以采取置之不理的态度。当孩子出现打架行为时，父母应及时干预并制止这种行为，让孩子意识到打架并不是解决人际矛盾的正确方式。比如，把孩子拉到一边，直视孩子的眼睛，用平静且坚定的语气告诉孩子："打架是错误的做法，不仅会让人受伤，而且会失去朋友……"然后再告诉孩子正确处理矛盾的方式。

3.帮助孩子梳理情绪

除了表明自己的立场，对于7～9岁的孩子，父母还需要帮助他们梳理情绪。当孩子用打架来解决人际矛盾时，父母首先要制止这种行为，然后想办法让孩子的情绪慢慢平复下来。等孩子情绪平复后，父母可以引导孩子说出内心的感受与想法，让孩子意识到情绪冲动、打架所要承担的后果和付出的代价，让孩子学会有效地控制好自己的情绪，避免不良情绪影响到自身的判断，以至于做出伤害他人的行为。

4.让孩子及时向对方道歉

对于孩子打架的事情，父母往往第一时间想到的就是去劝解，然后弄清楚谁对谁错，但却往往忽略了最重要的一个环节——道歉。道歉不仅能够表达歉意，还是修复双方之间情感的一条重要纽带，同时还能让孩子明白要对自己的所作所为勇于承担责任，有利于培养孩子的责任心。

总之，孩子之间打架并不意味着灾难，而是一种人际关系的磨合，通过磨合孩子能学会如何与他人正确、友好地相处。所以父母们完全可以以一种乐观、豁达的心态去看待孩子相处中所产生的争执，引导孩子在争执中学会人际交往，运用智慧解决问题。

孩子为何容易产生从众心理

周末的一天，爸爸妈妈在家给安安庆祝8岁生日，而安安也邀请了几个要好的小朋友来帮他庆生。家里热闹非凡，孩子们都玩得非常高兴。安安爸爸为了活跃气氛，主动提出教孩子们扭气球花。

爸爸给每个小朋友发了几个不同形状的气球，又事先做了用气球扭小兔子的示范。等孩子们认真观看完一遍之后，安安爸爸准备放手让他们学着自己动手扭。这时有两个孩子大声喊道："叔叔，我不会扭。"安安爸爸刚走到其中一个孩子的身边，旁边的安安也开始叫起来，"爸爸快来帮我看看，我也不会扭"，边说边把手里的气球往爸爸的手里塞，想让爸爸帮自己扭。

要是以前，安安爸爸肯定会满足孩子的要求，但是今天他觉得孩子们就要长大了，应该学着独立完成一些事情。于是，他并没有马上答应孩子们的请求，而是耐心地对孩子们说："别急，我会来帮助你们的，不过前提是你们自己先要动手试一试。不然，怎么知道自己会不会呢？"安安和其他两个小朋友听完，只好自己动手了。

案例中为什么有的孩子一听说别人不会扭气球，就嚷嚷着自己也不会呢？从心理学的角度来说，这其实是一种"从众心理"。从众心理是指在群体活动中，当个人的观点、意见、行为与群体大多数人不一致时，个人往往容易受到群体的影响而对自己产生怀疑，并放弃自己的观点、意见、行为，以求和群体成员保持一致的举动。说白了，从众心理就是"随大流"。

7~9岁的孩子是最容易产生"从众心理"的年龄段，父母如果仔细观察就会发现，如果几个要好的孩子在一起玩耍，对某样东西的需求就会趋向一致性。比如，女孩可能会想要拥有同样的发卡，男孩可能会想要拥有同款玩具等。这种惊人的相似现象就是从众心理在作祟。那么为何7~9岁的孩子容易产生从众心理呢？大多是由以下两方面的原因引起的。

1. 出于对安全感和归属感的渴求

对于7～9岁的孩子来说，只有和同龄的小朋友们在一起玩耍时，他们才会感受到自己的存在感。如果自己的表现和其他的小朋友表现不同时，很容易招到他人的嘲笑，被当作"异类"，当然也不会受到小朋友们的喜欢，所以孩子为了得到同伴的认可，不得不表现得和他人一样。再者，由于孩子缺乏足够的经验与认知能力，对很多问题还处于懵懂状态，没有成熟的判断力，对于群体中的"孩子王""小领导"的说法就会格外相信，甚至把他们当作偶像去崇拜、去模仿。

2. 与家庭教养方式的影响有关

在家庭教育中，如果父母习惯于用命令的方式来要求孩子做事，安排孩子的一切，那么生活中当孩子遇到这些问题时，也容易缺乏主见，从而放弃自己的观点与主张，并倾向于听从能力强、表现突出的同伴的意见。

对于7～9岁的孩子来说，"从众心理"是一个普遍的现象，代表着从众之人要放弃自己的观点、意见，从而获得与他人融洽相处的机会。

这种心理有好处也有坏处。一方面，孩子有了"从众心理"说明他们的内心已经开始意识到了集体接纳的重要性，并且愿意牺牲小我的部分利益来达到集体的标准与要求，这种心路历程的改变对孩子社会交往的顺利进行无疑是有利的。另一方面，如果"从众心理"过度的话，也会抹杀孩子的创新与独立思考的能力。比如，有的孩子为了获得同伴的认可，就轻易放弃了自己的想法而造成缺乏主见；有的孩子为了和同伴保持对待事物态度的统一性，就产生攀比和盲从的心理。因此，父母在教育孩子时一定要想办法在提高孩子自信心的同时，又要注重培养孩子明辨是非的能力。具体建议如下所述。

1. 培养孩子的自信心

在日常生活中，父母不要只关注孩子做得不好的方面，过多地斥责。要善于发现孩子做得对的事情，哪怕只有一件事情中的一部分、一个点，父母也不要吝啬夸奖，多用肯定的语言来评价孩子的行为。比如，"你今天的作业完成得真棒""今天的被子叠得好整齐"。这样的表扬，非常有利于培养孩子的自信心，同时也要多发现孩子的独特之处，鼓励他保持自己的特色。尽量不要用怀疑或否定的语气来质疑孩子。比如，"你看 ×× 做得多好。"这样的话语很可能会间接导致孩子为了得到表扬而向他人看齐，助长"从众心理"的发展，让孩子失去信心，并怀疑自己的能力。

2. 提高辨别是非的能力

7～9 岁的孩子由于年龄小，是非观念还不太强，也无法判断事情的对与错，再加上好奇心重、自制能力差，所以很容易"随大流"，去模仿他人的一言一行。对此，父母千万不要忽视孩子的模仿行为，一定要耐心地加以引导，采取正确的方法纠正孩子错误的模仿行为，使孩子慢慢认识到自己行为的对与错，从中提高明辨是非的能力。

总体来说，只要孩子拥有了自信，拥有了明辨是非的能力，遇事便有了独立思考的能力与主见，从而对他人的意见与观点也就不会盲目地跟风"随大流"了，反而会意志坚定地坚持自己的观点与主张，不轻言放弃。

孩子为何变得"人来疯"

7 岁的聪聪平时是一个乖巧懂事的孩子，可一旦家里来了客人，他就像换了个人似的，异常活泼、调皮，像只猴子上蹿下跳，硬拉着客人陪他一起疯玩。有一次，聪聪甚至把客人的手机悄悄地藏了起来，结果害得客人漏接了几个重要来电。看到聪聪还是个孩子，客人没有发火。聪聪的妈妈觉得很不好意思，于是狠狠地把聪聪给骂哭了，结果弄得大家都尴尬。之后，家里来客人，聪聪依然我行我素，继续"人来疯"，根本不把妈妈的告诫当回事。

聪聪的"人来疯"行为令妈妈非常头疼，可是能用上的办法都用过了，依然没能阻止孩子的这种行为，妈妈真不知该如何是好。

"人来疯"是指孩子平时表现正常，一旦在人多的场合下情绪和行为就容易受到影响，从而表现为活泼好动、热情兴奋、抑制能力差、爱出风头甚至喜欢恶作剧等，父母一旦阻止，孩子反而变本加厉，闹腾得更厉害。上述案例中聪聪的行为就是"人来疯"行为的典型表现，这种行为在7～9岁的孩子身上表现得非常明显，常常令父母既尴尬又备感无奈。

那么，7～9岁的孩子为什么会"人来疯"呢？主要有以下三方面的原因。

1. 表现欲使然

7～9岁的孩子本身就具有强烈的表现欲望，希望得到他人的关注与认可，因此想在人多的场合借机展现自己，吸引他人的目光。只是对于分寸的把握还不够精准，所以一不小心就容易玩过度。

2. 吸引大人的关注

很多父母由于平时工作忙而导致陪伴孩子的时间很少，孩子缺乏玩伴也感受不到父母的爱，好不容易和父母在一起想撒个娇，可父母又被其他事情所牵绊。比如，接待客人、陪客人聊天等，孩子心生不满便会做出一些"人来疯"的举动，以此来引起父母的重视，让父母感受到自己的存在。

3. 家庭教育不当

在家庭教育中，父母如果平时对孩子太过宠溺，总是想尽办法满足孩子的各种要求，就很容易让孩子形成"以自我为中心"的意识，觉得自己应该是全场的焦点。一旦在人多的场合下，孩子没有感受到这种氛围、没有受到大家的注视，就会觉得被冷落而感到失望，于是做出一些"人来疯"的行为。

此外，如果父母对孩子的管教太严厉，处处限制他的话，自然也就压抑了孩子爱玩的天性。在人多的场合，父母碍于面子对孩子的要求也会适当放松，孩子知道人多的场合下父母也不会苛责自己，所以就会尽情地释放自己。

一般来说，随着年龄的逐渐增长，"人来疯"的行为也会慢慢消失。不过为了避免造成一些尴尬，也为了让孩子明白这是一种不礼貌的行为，父母应该采取有效的方法对孩子进行正确的引导和教育，具体可从以下三个方面入手。

1. 给孩子创造适当表现自己的机会

孩子表现欲望强烈，希望得到他人关注的行为是可以理解的。父母不妨试着给孩子创造机会，让孩子适当地表现自己。比如，可以带孩子参加一些比赛或者在一些公开的场合来展示孩子的才艺，比如唱歌、跳舞、朗诵、讲故事、做手工等，让孩子通过展现自己的才艺来吸引众人的目光和掌声，使孩子的天性得到合理的释放和表达。

2. 扩大孩子的交友圈子

7~9岁的孩子精力旺盛，如果在与同伴交往、玩闹的过程中消耗了过盛的精力，就能减少在家"人来疯"的可能性。因此，父母可以多带孩子与同龄伙伴接触，鼓励孩子多交朋友，这样既能让孩子过盛的精力得到充分发泄，又能让孩子在与伙伴交往的过程中提高社交能力，何乐而不为呢？

3. 培养孩子文明礼貌的习惯

《孟子》曰："没有规矩，不成方圆"，要想避免孩子出现"人来疯"的行为，父母在平时就应该给孩子制定一些规矩，来培养孩子讲文明、讲礼貌的好习惯。比如，客人来了要问好，用"请"等礼貌用语招待客人；父母与客人交谈时不要随意哭闹或打断谈话；客人临走时要说"再见"。在公众场合不得大声喧哗影响到他人，走路时不得疯狂打闹等。让孩子在日常的生活中形成良好的行为习惯。

总的来说，7~9岁的孩子出现"人来疯"的行为，父母也有着不可推卸的责任。为了避免这种行为对孩子日后的人际交往造成不良影响，父母应多多关注和了解自己孩子的身心发展特点，摈弃对孩子过于宠溺或过于严厉的教育方式，努力给孩子营造一个和谐友爱的家庭环境，让孩子健康快乐地成长。

第六章

性、网络——7～9岁的
孩子是怎样想的

　　孩子到了"儿童叛逆期"，会出现"玩性游戏""恋父情结""恋母情结"等行为，这是孩子性心理发展到一定阶段的必然现象，是孩子形成性别观念和性别态度、产生相应性别行为的社会化教育过程，也是孩子形成健康人格的基础。父母要根据孩子的心理特点对孩子进行性教育，同时也要告诉孩子如何保护自己，防范性伤害。

　　7～9岁的孩子还特别容易痴迷网络，产生网瘾，因此父母要正确引导孩子玩手机、电脑等电子设备，帮助孩子远离网瘾。

对性别有了明确认识，但性好奇心尚且不强

林林今年9岁，上小学三年级，不仅学习成绩好，人也聪明、可爱。可是他有一些不良习惯，令妈妈难以接受。

每次睡觉前，林林总是躲在被窝里抚摸自己的生殖器，还会做一些夹腿和拉扯的动作。细心的妈妈发现了这个情况，觉得必须要早点帮林林改正，于是经常耳提面命地要求林林睡觉时不要这样做。

一个星期五的下午，妈妈去学校接林林放学。班主任老师向林林妈妈反映说，林林和班上其他几个男孩子掀女生的裙子，让妈妈平时在家多多教育。回到家，妈妈气呼呼地拿出一把直尺狠狠敲打林林的手心，一边打一边责骂林林不听话、不争气，直到林林向妈妈保证再也不掀女生裙子时，一脸怒气的妈妈才停止打骂，而此时林林的手已经又红又肿了。

事实上，林林的这种行为在很多7~9岁的男孩身上都有可能会发生，因为7~9岁恰恰是孩子性心理发展的关键期。在心理学上，这个时期也被称为"性蕾期"。当孩子处在这个特殊阶段时，父母的教育方式一定不能简单、粗暴。比如，上述案例中林林妈妈的做法是错误的，这种教育方式不能提倡。父母要认真思考并以孩子能接受的方式来引导孩子的性心理向正常的方向发展，不然就有可能引起孩子的逆反心理，甚至产生其他不良后果。

然而，很多父母受封建文化糟粕的影响，谈性色变，对孩子性教育问题不能坦然面对。当孩子逐渐长大对性或生育问题产生好奇时，父母一时间竟不知该如何回答，不得不编造出一些稀奇古怪的谎言来搪塞孩子，有的甚至

还责骂孩子，觉得不该问出这样的问题。这些做法都是不合适的，父母对孩子性教育的一味逃避并不能解决任何问题，反而容易给孩子的心理造成负面影响，甚至引发孩子产生心理障碍。

对于7～9岁的孩子来说，他们在这一阶段，对性别有了明确认识，能够认识到男女之间的差别，但对性的好奇心尚且不强。他们之所以偶尔做出一些与性有关的动作，可能是出于对性器官的好奇而引发的一种探究行为，因此父母不必过于恐慌，可以试着对孩子进行一些正确的性启蒙教育，来帮助孩子认识性、了解性，解开他们在性方面的疑惑，培养孩子的自我保护意识。

说到这里，让很多父母都备感困扰的是，把握不准性教育的尺度。讲得太浅，担心孩子听不明白，会反反复复地问；讲得太深，又怕引起孩子想入非非。对于这种问题，父母应该明白，太深层次的问题，7～9岁的孩子也是想不到的，他所提出的问题必然是符合他这个年龄段的，所以父母适可而止地讲解到孩子容易理解的程度就可以了。

那么，父母应该怎样对这一年龄段的孩子进行性教育呢？

1. 大大方方回答孩子的性问题，教给孩子正确的性知识

7～9岁的孩子受好奇心驱使往往会向父母询问一些关于性的问题，父母一定要坦诚地回答，不要觉得窘迫或难为情，更不要觉得孩子还小就采取敷衍、欺骗的手段来应付孩子，要让孩子觉得你是在认真地帮他答疑解惑，不然你的轻描淡写、漫不经心只会让孩子觉得你对他的提问不够重视。

此外，父母应当了解，孩子问这些问题时是没有什么坏心眼的，所以在回答孩子的性问题时，父母首先要端正思想，然后再根据孩子的具体问题科学地回答。

2. 用通俗易懂的方式解决孩子在性发育方面的疑惑

一般来说，7～9岁的孩子对男女性别的差异是完全能够分清的，只是对于性别特征上的差异还充满疑惑。这种情况下，父母可以率先承担起为孩子讲解的责任，用通俗易懂的语言来回答孩子的疑惑，但不要超出孩子的理解能力范围。

> 周末，妈妈在家给童童洗澡时，童童突然问道："妈妈，我是女孩子，为什么没有乳房呢？"妈妈平静地回答："现在你还小，到了青春期乳房才会发育。"童童若有所思，接着问道："那为什么我下面不长毛毛呢？"妈妈笑着说："同样是到了青春期以后才会长的。傻孩子，看来你要长大了。"

7~9岁的孩子虽然对性别有了明确的认识，但对于男女性发育的认识还处于懵懂状态，父母在给孩子讲解时以能让孩子懂得彼此间的区别为宜。上面案例中妈妈的教育方法值得父母借鉴学习。

3.让孩子正确定位自己的性别角色

有心理学家认为，7~9岁是孩子性别角色形成的最佳时期，所以此阶段父母对待孩子的方式、态度以及生活的环境对孩子性别意识的形成起着至关重要的作用。父母要实行"男女分教"的方式让孩子正确认识自己的性别，这样不仅有利于孩子形成健全的人格，同时也有利于孩子今后更好地融入社会角色。

需要特别提醒的是，父母不要凭借个人的喜好来有意识地为孩子选择性别取向。不然，性别错位易造成孩子在生活中变成"娘娘腔"或"假小子"。父母应顺应自然规律，尊重孩子的性别，按照孩子的性别特征来培养孩子。不然错误的性别定位对孩子日后的工作、生活都会带来负面影响，同时也容易阻碍其他方面的发展。

如何看待7~9岁的孩子之间的"性游戏"

> 暑假的一天下午，妈妈在房间睡午觉，7岁的浩浩和邻居家的小女孩瑶瑶在客厅里玩耍。妈妈午睡了一会儿就起来了，听到孩子

们在说"你当爸，我当妈"之类的话，于是躲在门后想看看两个孩子在玩什么。

瑶瑶戴了一块丝巾盖着头，浩浩则模仿着电视中娶亲的环节，掀开了瑶瑶头上的丝巾，并在她的小脸上亲了一下，瑶瑶也亲了下浩浩。然后两人并排躺在沙发上，一会儿瑶瑶怀里抱了一个布娃娃，一边拍一边对浩浩说："我来当妈妈，给宝宝喂奶。你来当爸爸，带孩子做游戏……"

浩浩妈妈看到这里本以为游戏就此结束了，但下一秒发生的事情让浩浩妈妈惊讶不已——两个孩子突然间又拥抱在一起，亲了小嘴巴，小手也还分别放在了对方的肚子上面。看到这里，浩浩妈妈赶紧出来制止了他们的行为，并把瑶瑶送回了家。

对于浩浩的这种行为，妈妈非常担忧，想给孩子正确的引导和教育，可是却又不知道该如何去处理这样的事情。

相信生活中有很多父母和浩浩妈妈一样，遇到过7～9岁的孩子玩这种"性游戏"。比如，"过家家""生宝宝""结婚"等。也有男孩和女孩之间拥抱、亲亲，甚至大胆一些的会有抚摸异性隐私部位的举动。对于孩子之间的这种"性游戏"，很多父母明知道这种行为不好，却觉得孩子年龄小，长大后自然就会明白了，于是简单呵斥几句便不了了之。

"性游戏"是孩子们之间通过玩耍而表现出的一种性活动，7～9岁的孩子受到好奇心的驱使，很想弄明白自己与同性和异性的区别，这也是这个阶段的孩子性意识发展过程中一种稍显幼稚却又正常的行为表现。为了满足自己的好奇心，孩子便会在"性游戏"的过程中探究不同之处。比如，偷看女孩小便、掀女孩的裙子，或者和男孩比赛看谁尿得远，扯男孩的裤子等。虽然7～9岁的孩子对这种行为还不能够完全明白，但他们也知道这是令人害羞的事情，内心也会有些忐忑不安，甚至不想让大人发现。

7～9岁的孩子之间的"性游戏"，恰恰反映了他们对性的探索欲望，这其中就包含性意识的继续发展，这是他们正常的心理现象。父母不能仅从表面现象就主观判断孩子的行为是可耻的，更不能将此行为想得太复杂。孩子只是单纯地游戏而已，并没有真正的性动机存在。所以父母要以一种正确的心态去看待孩子之间的"性游戏"，才能更好地引导和教育孩子。

对于7~9岁的孩子之间的"性游戏"，父母在引导时，需注意以下三个要点。

1. 以平常心对待孩子的"性游戏"

当父母发现孩子玩"过家家""亲亲"之类的"性游戏"时，反应不要过于偏激，应站在孩子的角度以平常心看待。不然你的一惊一乍或者毫不留情的批评与责罚，只会让孩子觉得难堪，激发他们的逆反心理，使他们对"性游戏"产生更强烈的窥探欲望。

既然孩子对性产生了好奇，想通过性游戏来了解同性与异性的区别，那么父母不如大大方方告诉孩子，满足孩子的好奇心，告诉孩子男女性别的具体差异，并让孩子明白，不能随便让他人看自己的身体或者随意触摸他人的身体，这是一种不文明的行为。如果喜欢他人，可以换一种更友好的表达方式。比如，赠送玩具或者邀请对方来家里做客，打消孩子对"性游戏"的好奇心，这样才更有利于孩子健康地成长。

2. 转移孩子的注意力

如果发现孩子有"性游戏"的倾向，父母可以预先制止并想办法转移孩子的注意力，将他们往其他感兴趣的话题上引导。

比如，孩子打算要玩"性游戏"时，父母可以在一旁说："你最喜欢的动画片马上就要开始了，你和好朋友一起看动画片吧。""今天天气不错，妈妈带你去公园玩吧。"做出类似这样的引导，孩子的兴趣很容易就转移到其他事物上面去。

除此之外，业余时间也要通过丰富多彩的活动来培养孩子多方面的爱好。比如，画画、练字、打球、唱歌、旅游等。兴趣多了，爱好广泛了，孩子也会变得豁然开朗起来，也可以有效地转移孩子对"性游戏"的注意力。

3. 给孩子讲解性知识

心理学上有一种现象叫"禁果效应"，意思是越明令禁止的东西，就越是能激起人们的好奇心，令他们千方百计都想一探究竟。用在家庭教育方面，如果父母一味地对事物采取半遮半掩的方式，那么孩子为了探寻事情的真面目，便会想方设法一探究竟。因此，针对孩子提出的性方面的问题，父母不要采取逃避的态度，而应该明确地解答孩子的性疑惑，让他们正确认识性、了解性，不然逃避只会增加事情的神秘感，加重他们的好奇心。

其实，在孩子7～9岁时，父母就可以循序渐进地对孩子讲解一些性教育方面的知识，弥补孩子性知识的盲点，帮助孩子揭开性的神秘面纱。生活中父母可以利用孩子洗澡、换衣服、上厕所的机会，告诉孩子人体器官的名称，讲解男孩与女孩之间的差异，并告诉孩子要注意保护自己的隐私部位。

比如，爸爸和孩子一起洗澡时，如果孩子质疑："爸爸为什么你的那里还有黑色的毛毛呢？"爸爸可以这样和孩子解释："因为爸爸是大人呀，等你长大了就和爸爸一样了。"让孩子对性器官有一个基本的了解，从而减少他们的好奇心，让他们在一种正确的性教育环境下健康茁壮地成长。

不得不防的性伤害

对于成年人来说，自己身体的任何部位都是不允许陌生人侵犯的，这也是保护自己最基本的常识。但对于7～9岁的孩子来说，由于年龄小认知能力有限，所以不太懂得隐私的含义，也不知道如何保护自己的身体。

其实任何时候，人都要懂得保护自己，尤其是孩子，因为孩子比成人更容易受到伤害。作为父母，要时刻教育并提醒孩子，什么样的行为会导致自己的身体受到伤害，在公共场合又该如何保护自己的人身安全等。

下面是一个发生在校园里的真实案例。

2014年9月，李女士将自己7岁的女儿涵涵送到了一家寄宿制学校读一年级，因为想从小锻炼孩子独立自主的能力，所以决定让其住校。孩子一周回家一次，平时住校由生活老师照料，李女士也比较放心。

两个月后的一个周末，李女士在家给涵涵脱衣服准备洗澡时，发现女儿的大腿处和外阴部位竟然有些红肿，而且洗澡时碰一下就喊"痛"。感觉事情不对劲的李女士便和涵涵爸爸商量，决定第二天先带孩子去医院做一下检查。医院检查结果表明：涵涵虽然处女膜没有破损，但却遭受了性侵犯，所以才导致红肿和发炎。听到医生的话，李女士和涵涵爸爸悲愤不已，认为孩子肯定是在学校出的事。

于是夫妻二人带着涵涵来到学校，找到涵涵的班主任和生活老师了解情况，经过老师对涵涵的耐心询问，才发现猥亵涵涵的竟然是学校保安处的一名保安。发现事态严重，李女士最后决定报警，并带着涵涵一起指认了那个保安。因为这个保安喜欢涵涵，就总借着亲近的机会对涵涵动手动脚，而涵涵由于年龄小，不懂得保护自己，所以才让这位保安得逞。最后，这位保安受到了法律的严惩，可是已经发生在涵涵身上的伤痛却是难以消除的。

这是一个多么令人痛心疾首的案例！近几年，儿童受到性伤害的案例时有发生，大家在伤心欲绝之时，是否也应该深入思考：为什么孩子遭受性伤害而不知道说出来？

究其根本，是因为父母没有对孩子进行正确的性教育。父母经常告诉孩子，在外受到欺负了要及时告诉老师和爸爸妈妈，但却没有告诉孩子还要保护自己身体的隐私部位。性教育和安全防范措施的不到位，是这类悲剧发生的主要原因。

父母应该加强对孩子的性教育，告诉孩子不要随便让陌生人搂抱、亲吻，更不能让别人触碰自己身体的隐私部位。父母更应该让孩子明白隐私部位的重要性，既不能随便给人看，更不能随便让人接触，一旦遇到想要接触自己隐私部位的人，要大声说"不"，并且尽快告诉爸爸妈妈或者老师。

由于7~9岁的孩子的认知能力有限，所以他们意识不到性伤害问题的严重性。那么父母要如何对他们进行性教育，才能让他们明白和预防性伤害呢？

1. 以图文并茂的方式，让孩子认识身体的隐私部位

父母可以和孩子一起尝试用画画的方式，图文并茂地帮助孩子认识身体的隐私部位，并告诉孩子男孩和女孩的区别，还要给孩子讲解并分析隐私部位的重要性——不可以随便让他人触碰，而自己也不可以去触碰他人的隐私部位——帮助孩子树立起正确的隐私保护观念。

2. 告诉孩子不能随便暴露身体，要尊重身体隐私

7～9岁的孩子出于对隐私部位的好奇心，偶尔会做出一些不合乎常理的行为和举动。比如，掀开小朋友的衣服互相作比较，看看自己和他人是不是一样的；男孩模仿女孩子蹲下小便等。其实他们这样做只是出于好奇，父母应该耐心地加以劝解，并制止孩子不当的言谈举止。父母要告诉孩子，每个人都是有隐私的，不能在他人面前随便暴露自己的身体，要尊重自己的身体隐私，同时也要学会尊重他人的身体隐私。

总之，对7～9的孩子进行性教育是一件刻不容缓的事情，宜早不宜迟。

警惕孩子的"恋父""恋母"情结

静静妈妈最近发现了一个很奇怪的现象，7岁的女儿对爸爸特别依恋。

爸爸工作比较特殊，长期出差在外，所以大部分时间都不在家。可静静每次放学回家总要明知故问："爸爸回来了吗？"明知爸爸才走没几天，却依然要问上好几遍才肯罢休，有时甚至连妈妈说的话都不信，非要自己去房间找找看。总之，爸爸只要一出差不在家，静静就萎靡不振，做什么事情都打不起精神来，其间还要给爸爸打上好几个电话，一个劲儿地嚷嚷让爸爸早点儿回来陪她。静静

这样的状态，使得爸爸每次出差都很不安心。

而爸爸在家时，静静的行为也是越来越异常。她甚至对妈妈产生了抵触情绪。有时看到爸爸妈妈在沙发上看电视，静静就偏偏要挤在中间挨着爸爸坐，让妈妈离远一些。有天晚上，静静洗完澡准备去睡觉时，看到爸爸和妈妈在客厅里有说有笑地讲话，表现特别亲昵，静静就噘起嘴巴满脸不高兴地对妈妈说："有什么好笑的，还不去睡觉，我都要睡了。"

对于静静的种种表现，妈妈心里很担忧，担心静静是不是开始有了"恋父情结"？如果真是这样的话，那应该怎样才能纠正这种行为，让孩子回到正常的亲子关系中呢？

"恋父情结"是弗洛伊德在精神分析学中提出的一个术语。他认为孩子从婴幼儿到青少年时期均有性欲，并把孩子在心理发展的过程中所表现的对异性父母一方的过度依恋称为"恋父情结"或"恋母情结"。这种情结会导致孩子对同性父母一方产生莫名的嫉妒。故事中静静的行为就是"恋父情结"的一种表现。

一般来说，"恋父情结"就是女儿喜欢和爸爸在一起所表现的一种心理倾向，"恋母情结"就是儿子喜欢和母亲在一起所表现的一种心理倾向。心理学研究表明，儿童性心理的发展，一般会经历如下五个阶段：

第一阶段（口欲期），出生到1岁半，婴儿通过吮吸母亲的乳汁获得快感和满足；

第二阶段（肛欲期），1岁半~3岁，幼儿从控制排泄物中得到快感和满足；

第三阶段（性器期），3~6岁，幼儿开始注意性别和生殖器，出现好奇心；

第四阶段（潜伏期），7~12岁，儿童的性欲潜伏下来，表现为避开异性，与同性为伍；

第五阶段（成熟期），与青春期发育同步，男生女生开始从与异性的接触中获得乐趣和满足。

由此可见，"恋母情结"或"恋父情结"是孩子成长过程中性心理发展所特有的情感体现。儿子依恋妈妈，女儿依恋爸爸，这也是大部分 7 ~ 9 岁的孩子情感上对父母依赖所表现出来的一种心理现象。

在孩子的心里，爸爸或者妈妈是自己有了情感需求后所接触最多的异性，孩子对父母所产生的这种"恋母""恋父"情结，其实也是他们在寻求异性情感需求的满足以及性别角色的定位时所展现出的情感宣泄，是孩子早期情欲发展的重要经历，它的意义在于以下两点。

1. 情感上的满足

孩子在"恋父""恋母"的情感中通过身体接触而获得全身心的满足，学习到了与喜欢之人接触的一种方式，孩子这种情感的表达其实也是在为成年后与亲密爱人之间相处而做的早期准备。

2. 对性别的认识

"恋父""恋母"情结是孩子对性别意识和性别角色有了全新认识的一种体现。女孩通过对爸爸亲昵的举动来了解男人，在爸爸面前展现自己"女人味"的一面；男孩则通过对妈妈亲昵的举动来了解女人，在妈妈面前塑造"男子汉"的气概。在此过程中，孩子通过角色的互演在异性面前展示着自己的性别特征。

一般随着年龄的增长，孩子的"恋父""恋母"情结会逐渐消失。但如果孩子一直保持着这种倾向，那么父母就要警惕了。"恋父""恋母"情结的形成主要有以下三点原因。

1. 情感宣泄

孩子通过对父母一方异性的身体接触来获得性欲的满足，这种满足让孩子把父母一方当作了情感宣泄的对象。父母应制止孩子的这种行为，并在发现孩子有这种倾向时减少彼此间过于亲密的接触，避免唤起孩子的性欲。

2. 一方缺位

父母一方在家庭关系中的缺席容易导致孩子在情感上产生替补的想法。比如，爸爸或者妈妈经常不在家，男孩潜意识中会代替爸爸承担起照顾妈妈的责任，而女孩便会代替妈妈承担起照顾爸爸的责任，频繁的接触加上孩子情感上对异性的需求，自然便促使"恋父""恋母"情结的产生，这对孩子的成长是非常不利的。

3. 界限模糊

如果父母没有明确告诉孩子男女之间的区别和差异，没有把孩子当作一个独立的个体来对待，或者父母之间举止亲昵时没有避开孩子，那么也很容易引起孩子对性欲的需求而产生"恋父""恋母"情结，所以父母一定要与孩子在性方面划清界限、理清人物关系，保持适当的距离。

生活中很多人总觉得 7 ~ 9 岁的孩子还小，把孩子"恋父""恋母"情结看作亲情问题。如果孩子不与自己亲近，父母反而会觉得失落，于是采取各种方式来拉近彼此的距离，却往往忽略了孩子已经逐渐长大的事实。

7 ~ 9 岁的孩子已经慢慢长大，对性的认识和禁忌还不明白，很容易把父母当作性的对象，所以父母应对孩子进行性伦理的教育，适当地淡化与孩子之间的情感依赖，避免孩子不良心态的产生。

那么，父母应该怎样对孩子进行性伦理教育，才能预防和引导孩子走出"恋父""恋母"情结的误区呢？

1. 让被疏远的一方增加与孩子的相处时间

在教育孩子的过程中，父母要善于细心观察，一旦发现孩子有过分依赖父母其中一方的倾向时，另一方应增加与孩子相处的时间，使相互之间的关系趋于平衡。此外，还要让孩子明白，爸爸妈妈之间的爱和对孩子的爱是有区别的，但不管区别如何，爸爸妈妈给予孩子的爱都是一样的分量。

2. 鼓励孩子主动地跟同性孩子一起玩

鼓励孩子多参加户外的亲子活动，多与同性孩子接触玩耍，让孩子在快乐的时光中逐渐远离"恋父""恋母"情结的影响。父母也可以与孩子亲子互动。比如，爸爸可以带男孩玩射击比赛、放风筝；妈妈可以带女孩做手工、踢毽子等，让孩子在亲子互动中充分感受到父母的疼爱和关怀。

要想让孩子尽早脱离"恋父""恋母"情结，在日常生活中父母可以通过行为和语言对孩子进行引导和教育。比如，拒绝孩子抚摸父母异性一方的性器官，让孩子分床睡，告诉孩子睡自己的小床会有利于身体健康等，将人性的伦理道德知识传达给孩子，使孩子正确认识自己对父母的爱，早日摆脱"恋父""恋母"的不良情结，回归到健康快乐的生活状态。

孩子为什么痴迷玩手机、电脑

互联网时代的快速发展带动了智能电子产品的普及，手机、电脑等逐渐成为人们日常生活中使用频率最高的智能电子产品。不光是大人离不开它们，甚至很多孩子对它们也爱不释手。

小海每次放学回家放下书包的第一件事，就是拿起爸爸或妈妈的手机，窝在沙发上玩，从不主动做作业，也不与大人交流，吃饭时叫上好几遍后才慢悠悠地上桌。妈妈为此很担心，于是便在周末的时候让小海主动去找小伙伴玩，想以此来转移他对手机的注意力。可谁知，当妈妈做好晚饭去接小海时，却发现他正和小伙伴用平板电脑在聚精会神地打游戏，连妈妈进来都丝毫没有察觉到。

回到家后，妈妈忍无可忍，便冲着小海发火了。为了彻底避免小海玩手机和平板电脑，第二天，妈妈就把家里的无线网给停掉了，而且还把自己和小海爸爸手机的解锁密码也都改了。

随着无线网络技术的发展以及智能电子产品的不断更新换代，游戏、视频等一些软件便吸引了孩子的目光，且不少孩子沉迷其中无法自拔。很多父母都采取了藏手机、改密码、断网络、限制时间等方式避免孩子使用手机、电脑等电子设备，无奈"野火烧不尽，春风吹又生"，收效甚微，不能有效地阻止孩子对这类电子产品的迷恋。

虽然手机和电脑可以方便联系，还有辅助学习的功能，但长期使用这类电子产品，对身心还在发育的孩子来说会造成不同程度的负面影响，容易影响大脑思维活跃度及空间想象力，阻碍动手能力的发展，还可能引起身体方面的不适，如近视、颈椎病等。此外，过度玩手机、电脑，长时间不和外界接触，容易养成孤僻、胆小的性格。

当然，手机、电脑本身并不是洪水猛兽，父母也无须"谈机色变"。对于痴迷于手机、电脑的 7 ~ 9 岁的孩子，父母不要采取强制性的方法，应当正确引导，让孩子以一种正确的心态来运用好这些电子设备，从而促进自己的学习，让手机、电脑等电子设备成为他们的良师益友。具体怎么做，父母可从以下三个方面来入手。

1. 积极与孩子交流，倾听孩子的心声

发现孩子沉迷手机、电脑的时候，父母就算再忙也要找时间与孩子面对面地沟通交流，从中了解并发现问题的所在，帮孩子更好地解决这些问题。对于孩子的意见，父母一定要耐心倾听，并给予重视，让孩子敞开心扉，通过交流、分析，告诉孩子事情的利弊得失。孩子需要的不仅仅是父母物质上的给予，情感上的交流也是需要的。

2. 多关注孩子的感受，避免孩子疏远你

有些孩子会因为长时间玩游戏过于投入而忽略身边的人，更加不与人交流，长时间下去，甚至与父母都会缺乏交流。此时，父母应该多关注下孩子的内心感受与需求，不要一味地加以指责，不然只会让孩子在反感的状态下更加频繁地使用电子产品，进一步疏远你。

3. 允许孩子适当地利用电子设备进行娱乐活动

童年是纯真的、快乐的，适当地运用电子设备进行娱乐活动能更好地促进父母与孩子之间的亲子关系，也能帮助孩子快乐地成长。所以，并非一定要让孩子远离电子设备，只要防止孩子沉迷其中就可以了。

父母不妨先从自身做起，和孩子一起来约定使用电子设备的时间及规则，双方互相监督、共同遵守。此外，还可利用空余时间，带孩子外出游玩，让孩子参加一些户外的亲子互动游戏，以减少孩子对电子产品的使用次数。

最后要提醒的是，7 ~ 9 岁的孩子正处于人生的第二叛逆期，父母千万不要与孩子硬碰硬地去交流，否则就会引起他们的逆反心理。

网络安全——如何正确引导孩子使用互联网

近年来，互联网的快速崛起，为人们的生活带来了极大的便利。但网络是一把双刃剑，如果我们不加以正确利用，也会给我们的生活带来危害。尤其是对于孩子而言，网络的危害不容忽视。

> 2017 年 6 月至 2017 年 8 月，湖北一名 8 岁的小男孩利用父母手机中的支付宝平台，采用购买虚拟币的方式来充值打赏直播平台中的女主播，仅仅 3 个月的时间，就将父母辛苦 10 多年打工挣下来的 20 多万元的存款挥霍一空。

看完上面的案例，你是否还能气定神闲地抱着事不关己的态度，觉得那是别人家的事呢？互联网时代网络引发的安全问题，已经逐渐引起了人们的广泛关注。根据《2017 年广东省少年儿童网络素养状况报告》调研显示：有超过 23% 的学龄前儿童（3~6 岁）每天使用网络的时间在 30 分钟以上；8.5% 的 7 岁儿童进行过网购；14.4% 的 7 岁儿童在网络上发布图片、视频或文字，甚至有 4.7% 的 7 岁儿童表示开始拥有了自己的粉丝。

通过这些调查数据可以发现，7 ～ 9 岁的孩子对于网络操作已经掌握得非常不错了，但是他们的网络安全意识还不够强。因此，这个时期恰恰也是儿童网络安全问题的高发期，所以需要父母高度重视，并加以正确引导。

从儿童心理学上来讲，这个阶段的孩子是想要获得认可和急想表现的一个年龄段。他们在现实中得不到的或者不被认可的，正好虚拟的网络可以帮他们实现，于是就加快了他们向网络靠近的步伐。

但网络世界鱼龙混杂，孩子所受到的诱惑也颇多，7 ～ 9 岁的孩子由于缺乏明辨是非的能力，很容易上当受骗。父母要及时提醒孩子识别、防范网络上的不良信息和陷阱，预防互联网造成伤害。

要正确引导孩子使用互联网，父母可以借鉴以下三个技巧。

1. 循循善诱，给孩子讲清楚互联网的利与弊

互联网对孩子的负面影响一般有以下三点。

第一，网络游戏。游戏又可以分为动作、冒险、益智、射击、角色扮演等类别。一般而言，益智类游戏可以帮助刺激大脑促进孩子的智力发展。而另外一些网络游戏可能会包含一些暴力因素，甚至需要付费购买装备等。父母可以给孩子讲解各种游戏的利与弊，并把孩子往益智类游戏上引导。

第二，网络聊天。社交软件的兴起，容易让孩子沉迷其中，从而耽误学业，也容易使孩子受到诱骗。比如，轻信网友被骗等。因此，父母要给孩子讲明网络社交的风险，避免孩子误入歧途。

第三，黄色网页。很多孩子收到非法网站自动捆绑弹出的黄色网页后，心里难免想入非非，甚至诱发犯罪。在这方面父母应加强对孩子的性教育，帮助孩子消除心里的疑惑，并给孩子讲明黄色网页所带来的危害性。

2. 以孩子能接受的方式，教孩子学会自我保护

父母应该以孩子最能接受的方式，教育孩子学会自我保护，引导孩子正确使用互联网信息。

首先，给孩子讲解清楚网络的虚拟性且带有一定的欺骗性，让孩子不要轻易相信他人，还要避免把家庭的一些重要信息放到网络中去。比如，身份证信息、家庭住址、工作单位和学校地址、账号信息及电话号码等，以免被他人冒用，让坏人有了可乘之机。

其次，告诉孩子，对于社交聊天软件中的一些网友的见面请求，要懂得拒绝，千万不要单独约会网友。如果确实要见面的话，也应该征求父母的意见，并约定在公共场合，且一定要在有人陪同的情况下才可以见面，以免地点太偏僻或没人陪同而引发危险。

3. 给予孩子情感滋养，建立和谐的亲子关系

和谐亲子关系建立的首要基础是要充分给予孩子情感的呵护与滋养。很多父母忽略了孩子的情感需求，很少陪伴孩子，孩子便会通过网络来寻求安慰与排解寂寞。

就算再忙，父母也要花时间陪伴孩子，和孩子探讨一下生活和学习上所

遇到的事情。闲暇时可以带孩子外出旅游，放松一下心情，而受到情感陪伴的孩子，心胸开阔、心情愉悦，自然也会把精力放到其他方面。比如，运动、阅读等。

当网络逐渐代替父母的陪伴，成为孩子心灵的避难所时，父母应该反思是什么原因造成了现在的问题。互联网改变了世界，也改变了人们的生活，但不管如何改变，还是取决于使用网络的态度。

只有以一种健康、豁达的心态去看待网络并加以有效利用，才有可能通过网络的便捷与发达为自己带来便利。而在此过程中，父母应从自身做起，努力为孩子营造一个良好的氛围来帮助孩子获得尊重与保护，让孩子清楚地认识到网络的利与弊，早日远离不安全网络带来的伤害。

如何帮助 7～9 岁的孩子远离网瘾

轩轩刚刚上小学没多久，爸爸就给他买了一台电脑，除了学习，爸爸妈妈从不让他用电脑上网聊天和玩游戏。

每当同学们在课间热火朝天地谈论某网络游戏时，轩轩总是插不上嘴，这让他觉得很没面子。同学们口中精彩的网络聊天和网络游戏就这样悄悄地在他心里埋下了种子。

一天，轩轩终于鼓起勇气向妈妈请求："妈妈，我可以上网聊会儿天、玩会儿游戏吗？"

"不可以，网上聊天的都是乱七八糟的人，玩游戏多耽误学习啊！"妈妈严厉地呵斥，吓得轩轩连忙认错，并保证再也不提上网聊天、玩游戏的事情。

但是轩轩对上网聊天和玩游戏的欲望，并没有因为妈妈的严厉呵斥而消减，反而越发强烈了。终于有一天，他趁着爸爸妈妈不在家，自己打开了电脑，按照同学教的方法在网上聊天、玩游戏。从此一发不可收拾，只要爸爸妈妈不注意，轩轩就偷偷地上网娱乐。

没多久，爸爸妈妈发现轩轩已经沉迷网络了，于是设置了电脑开机密码，不让轩轩碰电脑。这一措施，让轩轩很烦躁，为了能上网聊天、玩游戏，他经常和爸爸妈妈对着干，学习成绩也一落千丈。

像轩轩这样有网瘾的孩子已经不是个例，孩子的网瘾问题已经成为现如今严重的社会问题。

为什么孩子会有如此严重的网瘾呢？一般来讲，7~9岁的孩子之所以沉溺于网络主要有以下三方面原因。

1. 学习压力大

很多父母把孩子的学习成绩好坏当作评价他们优秀与否的唯一标准，在这样单一的评价体系里，孩子背负了很大的学习压力，因此容易产生厌学情绪，特别是在成绩没有达到父母期望时，很容易把上网聊天、玩游戏当作发泄和逃避问题的最佳途径。而且在虚拟的网络世界里，那些被认为不优秀的孩子能体验到现实世界中体验不到的成就感和认同感，这就是很多孩子沉迷网络的主要原因。

2. 与父母沟通不良

有的父母把精力都放在孩子的学习成绩上，忽视了与孩子的沟通。学习上的压力让孩子内心压抑，带着压抑的情绪学习就会很吃力，吃力的学习又会导致学习成绩不好让孩子内心更压抑，这样的恶性循环使得孩子不得不在网络中发泄、逃避。

3. 缺少玩伴

如今独生子女较多，孩子相对缺少玩伴，加上父母工作繁忙，很少陪伴孩子，因此使得孩子另辟蹊径，在网上寻找可以一起玩游戏、聊天的"好朋友"。

以上便是孩子形成网瘾的几大主要诱因。因此，父母不要简单地把孩子沉迷网络看成是孩子的错，更不能因为孩子沉迷网络而大发雷霆，断网、给电脑加密……这样的强制手段不仅起不到任何积极作用，反而会让处于"儿童叛逆期"的孩子对上网的欲望越发强烈，甚至会造成孩子逃学去上网。

7～9岁的孩子好奇心很强，自我意识也在日益增强，要想让相对缺乏自控能力的孩子完全与网络隔离几乎是不可能的。所以，要想帮助7～9岁的孩子远离网瘾，父母与其堵截，还不如进行疏导。具体怎么做，父母可以尝试以下的三种方法。

1. 转移孩子的兴趣

有时候，孩子沉迷网络游戏，是因为他们没有发现自己真正感兴趣的事物。所以，父母可以用心发掘孩子的兴趣点，并引导他们，告诉他们生活中除了网络，还有很多有趣的事物。

> 7岁的奇奇是一名小学一年级的学生，在家最大的爱好就是玩网络游戏，就连吃饭的时间也不放过。看到儿子如此痴迷网络，爸爸便利用孩子喜欢画画的特点，每天在孩子准备玩网络游戏时，就拿出画板与儿子一起画画。一段时间后，奇奇不再迷恋网络游戏了，他的兴趣已经从网络游戏成功转移到了画画上。

奇奇爸爸的做法值得父母借鉴，儿子迷上网络游戏后，他没有简单粗暴地阻止孩子，而是循序渐进地将儿子的兴趣从网络游戏转移到了画画上。其实，多让孩子接触一些有吸引力的事物，如画画、唱歌、跳舞、下棋、踢球等；在假期时，带着孩子一起参加一些户外活动，如爬山、划船、逛公园、郊游等，这些都可以分散孩子对网络的兴趣。

2. 以良师益友的身份教育孩子

"教育者要先受教育。"父母在面对孩子的网瘾问题时，首先自己要有一定的网络知识，并以良师益友的身份经常和孩子一起沟通、分享上网的经验和感受，在孩子上网过程中遇到问题时给予帮助，这样才会让孩子信任父母。孩子才会认可父母对于上网问题的言论和看法。

3. 关注孩子的现实生活

很多孩子沉迷网络，是因为他们无法在现实生活中得到认可和内心的满足。有些孩子因为成绩不好，得不到父母和老师的认可；有些孩子因为与同学之间的关系处理不当，得不到同学的认可；有些孩子因为父母不和睦，得不到家庭的温暖……因此他们只能在虚拟的网络世界中寻找他们内心需要的认可和慰藉。要想把孩子从网络中拉出来，父母必须要关心孩子的现实生活，如果他们在现实生活中得到了满足感和快乐，就不会沉迷于网络而不能自拔了。

因此，父母可以鼓励孩子多参加集体活动，多和同龄孩子一起玩。比如，约几位父母一起带孩子去郊游野餐，假期让孩子参加一些夏令营等。在孩子体会到真实的交往乐趣，交到真实的朋友时，他们自然会摒弃网上的虚拟慰藉和不真实的朋友。

此外，父母是孩子的第一任老师，父母应该在孩子面前以身作则。如果父母自己都沉溺于网络游戏和交友聊天中不能自拔，那么又如何能要求孩子不迷恋网络呢？

第七章

习惯培养关键期，
父母这样引导最正确

7～9岁是行为习惯的敏感期，这一阶段也正是培养孩子良好习惯的关键期。在此阶段养成各种良好行为习惯，将对孩子的一生影响巨大。父母们最好先了解孩子行为习惯背后的心理，再有的放矢地去培养，会取得良好的效果。

7~9岁，习惯形成的"潮湿的水泥期"

《孙子兵法》中有句话叫"知己知彼，百战不殆"，这个道理在家庭教育中同样适用。如果把父母对孩子的教育看作一场战争的话，那么赢得这场战争的关键则是要了解自己的孩子，这样才能预知孩子成长过程中可能会遇到哪些不利因素的侵扰。苏联教育家恩·阿·康斯坦丁诺夫曾经说过："必须掌握儿童的生理和精神本性的发展规律"。教育孩子，父母只有顺应孩子的自然生长规律，才能帮助孩子更好地成长。

这一阶段的孩子，有什么明显的成长规律和行为特点呢？教育心理学认为，3~6岁，孩子的性格正在逐渐形成，这一时期被称为"潮湿的水泥期"；而7~12岁时，孩子85%~90%的性格已经形成，这一阶段被称为"凝固的水泥期"。也就是说7~12岁这一阶段的孩子，在性格方面基本上已经定型，可塑性越来越弱了。但是，对于习惯培养而言，7~9岁孩子仍然具有很大的可塑性，所以7~9岁这一阶段可以被视为孩子形成行为习惯的"潮湿的水泥期"。

所谓"潮湿的水泥期"，顾名思义，指孩子的很多习惯还处于逐渐形成的状态。这些习惯主要包括学习习惯、生活习惯、交友习惯、健康习惯、行为习惯等。

学习习惯方面，父母要让孩子养成上课认真听讲、课后认真完成作业、端正坐姿等习惯。生活习惯方面，仍然要求孩子要养成早睡早起、规律作息、自己的事情自己做等习惯。交友习惯方面，告诉孩子同学之间应当友好相处，不打架、不骂人，乐于帮助同学，不要轻信陌生人等。健康习惯方面，要让孩子继续保持幼儿园时养成的早晚刷牙、饭前便后洗手、不买小摊零食等习惯。在行为习惯方面，要让孩子养成尊敬师长、礼貌待客、主动排队、不乱扔果皮纸屑、公共场合不大声喧哗等方面的习惯。

此外，在行为习惯方面，需要特别指出的是，这个时期的孩子心理发育还不够完善，遇事缺乏正确的判断力，处理问题全凭个人喜好，很容易情绪化。受此影响，在生活中往往喜欢发脾气、任性胡闹、蛮横无理。而这也使得很多父母备感无奈，管得太严，孩子横生不满，容易产生逆反心理；而一味顺从孩子的心意，则会让孩子认为只要发脾气、闹一闹，爸爸妈妈就能妥协，有了这种心态，以后孩子便会故技重演来威胁父母满足自己的要求。

那对于正处在行为习惯"潮湿的水泥期"不讲道理又不服管教的孩子，父母应该如何去做呢？教育专家给出了建议，那就是"离开现场"法。首先父母要想办法让孩子从蛮横、胡闹的氛围中挣脱出来，让孩子冷静下来，然后再耐心地讲道理、明是非，告诉孩子正确的解决办法。在一次次"剔除错误、灌输正确概念"的过程中，孩子就会逐渐树立正确的是非观，并养成良好的行为习惯。

总之，7～9岁是培养孩子各种优良习惯的关键期，它关系着孩子的一生，所以父母一定不要错过这一时期。

7～9岁，孩子为什么爱撒谎

8岁的静静放学后在书房玩电脑，起身时不小心把妈妈书柜上的一个相框打碎了。静静赶紧把地上的玻璃渣子扫干净，把外框粘好，把照片随便往相框里一塞，放回了原处。晚上，妈妈在书房处理工作时发现了相框的问题，但并没有马上发火，而是等到吃过晚饭后才问："静静，你是不是把妈妈的相框弄坏了？"面对妈妈的问话，静静眨了眨眼睛说："不是我，今天放学后我在书房里玩电脑，一只鸟突然从窗户飞进来，在屋里乱飞，不小心把你的相框撞到了地上，碎了。"

听完静静的话，妈妈确定静静在撒谎。她们家住在四楼，她每天上班前都会把窗户锁好，下班回家才会打开，怎么会有小鸟飞进来呢？但她并没有揭穿静静的谎言，而是不动声色地说："哦，真的是这样啊，那可能是妈妈忘记关窗户了。你先去写作业吧，作业写完了来书房找我。"

写完作业后，静静怀着忐忑不安的心情走进了书房。看到静静来了，妈妈指了指紧闭的窗户。静静似乎明白了什么，内疚地低下了头，说："妈妈对不起，相框其实是我打碎的。"静静认真地向妈妈检讨了自己的错误。

事实上，撒谎是人的本性。据美国心理学家调查显示：每人每天至少平均说谎 25 次。父母有没有对这个数据感到惊讶？就算是成人也会由于各种原因而撒谎，更何况是心智还没有发育成熟的孩子呢？

大部分父母在发现孩子撒谎时，往往会如临大敌，甚至是心力交瘁。害怕自己的孩子从此由小天使变成了人们眼中的"坏孩子"。其实，父母不应该用成人的道德标准去衡量孩子爱撒谎的行为，它只是孩子心理发育成长过程中的一部分。

加拿大多伦多大学儿童研究所曾经对不同国籍、不同性别的 1 200 名儿童和青少年进行了测试，测试结果显示：在撒谎的孩子中，2~3 岁的儿童占据 20%~40% 的比例，而 7~9 岁的儿童则占据了 80% 以上的比例。

由此可以看出，7~9 岁的孩子撒谎具有典型性和普遍性。这是因为，7~9 岁的孩子虽然可以分清现实和想象，知道撒谎是不对的，但由于心智发育不成熟，害怕受到处罚，所以选择用撒谎来逃避责任和惩罚。此时，父母要学会透过现象看本质，学会观察孩子撒谎时的表现，挖掘孩子有意撒谎的动机和内心隐藏的真实原因。

总结起来，7~9 岁的孩子爱撒谎主要出于以下三种情况的考虑。

第一种情况："假如我向妈妈承认错误，她一定会勃然大怒的，千万不能告诉她。"

绝大多数父母认为孩子撒谎是因为害怕受到责罚，怕挨打，所以他们才不惜用撒谎来掩盖事实，以逃避"皮肉之苦"。其实，他们只是内疚，以为撒谎就可以让父母不伤心、不难过。

第二种情况："我才不想道歉呢，这样太没有面子了，只要我不承认就好啦。"

7～9岁的孩子都有很强的自我意识，然而他们还不能正确地区分"自尊心""固执"和"无礼"，所以要让孩子主动承认错误，主动说"对不起"，对他们而言还是需要很大勇气的。

第三种情况："只要不承认，我就不用承担责任了。"

从孩子的角度来说，最简单的回避问题和麻烦的方法莫过于撒谎，以此推卸和逃避责任。

德国著名教育学家施鲁克曾经说过：当孩子第一次有意义地说假话时，标志着他具备了主动与周围环境打交道的能力，也标志着他具有了开创性的行为，可以说是孩子成长过程中的重大进步。因此，在这个年龄段，爱撒谎的孩子并不一定是"坏孩子"，撒谎也不一定是坏事，主要在于父母怎样去引导。

那么，在7～9岁的孩子出现撒谎行为时，父母该如何进行正确的引导呢？以下三种方法可供父母参考。

1. 与孩子建立起相互信任的关系

华盛顿是美国第一任总统，小时候他是一个非常活泼的男孩。有一天，他得到了一把新斧子，为了试试新斧子是否锋利，就把父亲一棵心爱的樱桃树给砍了。父亲发现后，非常生气，吼道："是谁砍了我的樱桃树？"华盛顿很害怕，想了想，最后还是走到父亲面前，面带愧疚地说："爸爸，是我砍的。"父亲接着说："你承认砍倒我的樱桃树，难道不怕我惩罚你吗？"华盛顿却说："可是我说的是事实啊。"父亲听了他的话，气消了，说："孩子，我非常高兴，你很诚实，我宁愿损失一千棵樱桃树，也不希望你撒谎。"华盛顿知道父亲原谅了自己，从父亲肯定的目光中，他受到了莫大的鼓舞。华盛顿正是在这样的家庭影响下，养成了诚实、正直的品质。

父母一般会觉得7~9岁的孩子在叛逆期很"不听话"，又喜欢"捣乱"，不是把干净的床单画花了，就是把玻璃器具打碎了，或是故意把玩具弄坏了，总是做一些让人"气急败坏"的事。其实很多时候，他们只是在探索世界，只是想用自己的方式去了解、去发现。此时如果父母斥责、打骂孩子，孩子会觉得父母和他是对立的，使得他们不敢信赖和依靠父母，那么撒谎就成了孩子的"保护伞"。

面对孩子撒谎，父母首先应当控制自己想要发火的欲望，并心平气和地告诉孩子，撒谎是一件不正确的事情，也是一件不值得提倡的事情。其次，不要一直纠结孩子撒谎这件事的本身，而要探究真实原因，并引导孩子正确地表达需求，教会孩子弥补错误的方法。最后，如果孩子主动地说出真相，请给予孩子肯定和赞扬，让他们感受到父母是可以依靠的，是可以信赖的。

这样的做法可以帮助孩子减少说谎后的内疚感，帮助孩子重拾自信，更能帮助父母与孩子建立良好的信任关系。那么孩子在下次犯错时，将不再一味地选择逃避，而是主动向父母寻求帮助并弥补错误。父母要知道，孩子撒谎的概率与他们的安全感、自信心是呈反比的。

2. 不要用"圈套"诱导孩子撒谎

大部分父母在发现孩子撒谎后，往往第一反应是给孩子"下套"，好让孩子说实话。比如，先这样审问："你最好想清楚，今天你到底吃了巧克力没有？"此时孩子当然不会承认，于是父母会更生气地说："你撒谎，盒子里的巧克力都被吃完了，不是你是谁？"

其实，7~9岁的孩子的心理是极其敏感的，他们意识到自己的谎言即将被拆穿，可是如果说实话，他们的自尊心又会受到伤害，所以面对这些问题时，他们会本能地拒绝。当父母发现孩子撒谎后，最好不要给孩子设计"圈套"，也不要用咄咄逼人的态度和语气对待孩子，否则孩子只会更努力地提升撒谎的技巧。父母发现孩子撒谎时，不妨用轻松的语气跟孩子陈述事实。比如，可以这样说："我看到你吃了好多巧克力，空盒子都还在地上呢。你下次吃之前可不可以先问问妈妈，假如离晚饭还有一段时间的话才能吃零食，好吗？"

3. 善用奖惩手段

假如发现孩子有习惯性撒谎行为，父母除了从以上两个方面来反思自己的教育方式，最好还要建立一套适合自己孩子特点的奖惩制度，让孩子在惩罚和奖励中认识到：撒谎只能蒙骗一时，不能蒙骗一世；被惩罚不可怕，可怕的是没有诚实和勇于承认错误的宝贵品质。比如，吃早餐时孩子把牛奶弄洒了，可是就是不承认，这时，父母可以采用奖惩的方式来教育孩子。当孩子说出实情时，妈妈可以奖励一杯牛奶给孩子，表示诚实是值得鼓励的；如果孩子还是不愿说出实情，那么妈妈可以罚孩子自己收拾残局。这样的奖惩方式不仅可以帮助孩子改掉不良习惯，而且还能帮助孩子提高对诚信品质的认可度。

父母要知道，撒谎是孩子成长的必经之路，只有找准病症，才能对症下药。做父母的一定要学会了解孩子的心理，走进孩子的内心世界；在发现问题时，不要急于给孩子贴上"撒谎"的标签，要善于反思、总结，及时改变教育方式。

不懂礼貌——接人待物没规矩

刚刚 8 岁的然然，学习成绩好，经常得到大家的表扬。因此，爸爸妈妈很宠他，什么事都依着他。有时候，然然抢了其他小朋友的玩具，得到了帮助从不说"谢谢"，或者家里来了客人没礼貌……

父母也不以为然，认为这些都是不值一提的小事，男孩子大大咧咧的很正常。

一次，爸爸妈妈带然然去参加一个正式的晚宴。当晚，然然的表现很糟。在大家还没有入座时，然然就很没礼貌地先坐在了主位上，并把所有自己喜欢吃的菜都拿到了自己面前。尽管大家都说"小孩子嘛，没关系"，可是然然的爸爸妈妈还是觉得无地自容。

古语有云，"不学礼无以立，人无礼则不生"。一个不懂"礼"的人是很难在社会上生存和立足的。礼貌是一个人在接人待物时，通过言谈、举止、仪容等方面体现出来的。可能很多孩子都和然然一样存在这方面的问题，在接人待物时不太懂礼貌。要解决这个问题，父母首先要弄清楚孩子不讲礼貌的真正原因。

很多7～9岁的孩子并不是故意不尊重别人，而是他们不知道自己的做法有什么问题。在他们的潜意识里，并没有外面和家里的概念，他们会认为在外面也可以和在自己家里一样不受约束。此外，他们对吃、穿、行、坐、站、言等各方面也缺乏基本的认知，再加上父母的忽视和溺爱、纵容、不加约束，慢慢地便养成了坏习惯。案例中的然然并不是坏孩子，只是因为父母忽视了对他进行礼貌教育，才使他养成了不懂礼貌的坏习惯。

父母的教育和身边人的言谈举止在很大程度上会影响孩子的行为。孩子7～9岁时，正是喜欢模仿的年龄，由于他们没有较强的分辨能力，一旦父母或者其他身边的人经常出现不讲文明、不懂礼貌的行为，他们便会在模仿中不知不觉地也养成坏习惯。

心理学家约翰·戈特曼曾在研究中表明，懂礼仪、讲礼貌的孩子相对于没有礼貌的孩子来说，身心更健康，也更会关心他人，朋友更多，成绩也更好。由此可见，礼貌教育对孩子而言非常重要，父母应该给予重视。

父母对孩子的礼貌教育，自然也应该是"礼貌地"进行。

1. 以平和的语气引导孩子

很多父母可能都经历过这样的情形：自己正和朋友聊得起兴，突然听见孩子在旁边大声叫自己，直到在场的所有人都安静下来，孩子才停止喊叫。遇到这样的情况，父母通常会非常恼火，忍不住会对孩子呵斥一番，直到孩子流泪转身离开。

其实父母这样的做法是很不理智的，孩子不礼貌的行为并不能得到纠正，甚至会愈演愈烈。此时，如果父母能够换一种方式，心平气和地告诉孩子，别人谈话时插嘴是不礼貌的，应该等别人先把话说完。事后再和孩子约定：在家里，如果两个人正在说话，第三个人不能插嘴。通过这种方式，让孩子和父母一起参与到礼貌的教育监督中，或许可以更好地引导孩子讲礼貌。

7～9岁的孩子期望自己被认可，也具备了一定的判断能力。父母不应用评价性的言语批判孩子的品质、能力，更不应该呵斥、威胁孩子，而应该尊重孩子，用平和的态度、温柔的语气、描述性的言语去引导孩子。比如，"我都没有听见你喊'阿姨好'啊！""吃饭的时候应该怎么做啊？""我相信你会……"。有时候简单提醒的效果远比愤怒呵斥的效果要好得多。

2. 不给孩子贴上"没有礼貌"的标签

心理学家研究发现，大多数孩子并不是没有礼貌，而是他们有时会沉浸在自己的思维世界里、会因烦恼而情绪不佳，从而表现得没礼貌。7～9岁的孩子没有较强的情绪控制能力，他们很难迅速地从自己的情绪里跳出来。

因此，当孩子不讲礼貌时，父母也不能一锤定音，断定孩子的行为就是不礼貌的，而应该首先弄清楚原因，以及他们的情绪。父母要用良好的心态处理孩子的情绪。当孩子的不良情绪强烈时，父母的任何意见他们都听不进去，只有当情绪稳定之后，他们才能恢复正确的判断并认真地反思自己的行为是否合适，才会接受父母的意见。

在平时的教导中，父母可以给孩子设定一个讲礼貌小使者的角色。当孩子看到了父母眼中的自己是个有礼貌的孩子时，他们便会自然而然地认为自己是文明懂礼的，从而更努力地将这个角色做得更好。

3. 给孩子做好表率

"父母是孩子的镜子。"礼仪不端的父母教育出来的孩子也大多不讲礼貌。父母在教育孩子前，首先要保证自己是一个有礼貌的人。如果自己都做不好，如何让孩子心服口服呢？

要想让孩子讲文明、有礼貌，父母应该首先从自身做起，给孩子树立好榜样。比如，当孩子帮父母拿了一样东西时，父母要对孩子说声"谢谢"；当父母不小心碰到了孩子时，父母要对孩子说声"对不起"。孩子在父母的良好示范下，久而久之，便会懂得在得到帮助后表达谢意、在做错事后表达歉意。父母在与人交谈时，应该注意自己的言谈举止，不要出现不文明的言语和行为。

孩子在成长的过程中或多或少会模仿父母的言谈举止，会受到父母潜移默化的影响。因此，从今天起，做一位讲文明懂礼貌的爸爸、妈妈，成为孩子的好榜样，让孩子在你们的影响下也成为有礼貌的人。

爱打人——动不动就攻击别人

牛牛今年上小学二年级了。最近一学期，牛牛在学校里经常打人，有时候别人不小心碰了他一下，他都会毫不留情地还回去，而且下手很重。他还不允许别人说他坏话，只要听到有小朋友说他不好，他便拳头相向。

有一次，牛牛和一个同学在操场上玩球。两人抢一个球，牛牛抢不过对方，非常生气，二话不说便把那个同学推倒在坚硬的水泥地上，差点儿酿成大祸。为此，牛牛被老师列为"有攻击性"的孩子。因为打人，牛牛的爸爸妈妈已经被请到学校很多次了。

每一次被请到学校后，爸爸妈妈都会问牛牛为什么打人，但牛牛总是答不上来。当爸爸妈妈教育他打人是不对的、不应该打人时，他也能听进去，但坚持不了多久又会重犯。为此，牛牛的爸爸妈妈非常苦恼，他们不知道牛牛为什么会这样，而且非常担心牛牛打人的情况愈演愈烈，最后真的变成一个有暴力倾向的人。

相信许多父母都在微信朋友圈里看到过《孩子被打，要不要打回去》的文章。事实上，大部分父母在面对孩子打人的问题时，都会束手无策，显得很焦虑，也会产生和牛牛爸爸妈妈一样的担心。要解决孩子的打人问题，首先还是要弄清楚孩子为什么要打人。

其实，不论大人还是小孩，一旦和"具有攻击性"沾上边，都会让人产生恐惧感，招致别人的厌恶，被别人疏离。攻击在不同的领域有不同的含义，从心理学上来说，每个人产生攻击行为的背后都有一些深层的心理学原因，孩子也不例外。

孩子的攻击性一般在2~3岁开始显现，他们会把东西没轻没重地扔到地上，会莫名其妙地推别的孩子。幼儿是没有自我约束能力的，如果孩子在孩提时期出现攻击行为，父母却不加以制止和引导，就会固化孩子的这种攻击行为，等孩子长到7~9岁的时候，便养成了爱打人的坏习惯。

除了幼儿时期养成的坏习惯，7~9岁的孩子爱打人还受以下四种心理的影响。

1. 受挫

挫折会威胁孩子的尊严，阻碍孩子目标的实现，并剥夺孩子某种活动动机的需求，它是引起孩子攻击行为的重要因素。当孩子在某一方面遭受挫折后，攻击是他本能的反应。不过，不同的人因挫折而引起的反应方式也会不同。

2. 自卑、嫉妒与骄横

如果孩子长期处于被父母忽视和压迫的状态，就会缺乏自信心，产生自卑心理，进而因嫉妒产生攻击行为。比如，撕掉某位同学的画作，踩坏玩伴心爱的玩具等。特别是当孩子遭遇父母感情不和甚至离异，得不到家庭的温暖时，更容易出现攻击行为。因为这种家庭的孩子往往缺少关爱也不懂得关爱别人，不懂得与其他小朋友的和谐相处之道，常常会为了维护自己的"自尊心"而选择攻击别人。

3.缺乏安全感

当孩子缺乏安全感，无法和别的小朋友建立良好的共处关系时，他就会排斥别的小朋友靠近自己。一旦有小朋友来到自己的身边，便会感觉受到威胁，出于保护自己的目的，就会去攻击别人。

4.模仿心理

7~9岁正是孩子模仿能力突出的阶段，而此时，他们又不具备辨别是非的能力。当父母在平时的生活中采取的是比较粗暴的教育方式时，孩子便会在潜移默化中学会并用这种粗暴的方式去对待其他小朋友。

孩子具有攻击性是一个很危险的信号，它不但会对集体和他人造成危害，而且会在一定程度上阻碍孩子的健康成长，阻碍孩子的社会性以及个性和认知的发展。当家长发现孩子有爱打人的习惯后，一定要及时进行纠正。正确的做法应该是了解孩子打人行为背后的心理需求，再加以正确引导，而不能一味地指责和批评，以免造成孩子的逆反心理，加重孩子的攻击性。

在上面的案例中，牛牛打人确实不对。但牛牛的爸爸妈妈如果能深入地了解牛牛的内心，就会发现牛牛打人并不是因为他天生就"坏"，而是因为他不知道如何与同学和谐相处。当牛牛的爸爸妈妈认识到这一点后，就应该帮助孩子找到融入集体、和同学们友好相处的方法，从而从根本上解决牛牛爱打人的问题。家庭是孩子的港湾，是孩子安全感和信任感的重要来源。帮助孩子排除成长路上的障碍，是父母不可推卸的责任。

通常，父母在处理7~9岁的孩子爱打人的问题时，可以参考以下三种办法来帮助孩子改掉这种坏习惯。

1.帮孩子建立安全感

良好的安全感是帮助孩子摒弃暴力倾向的第一步。通常，父母可以通过与孩子多开展一些亲子互动、建立良好的亲子关系来帮助孩子获取足够的安全感。此外，帮助孩子建立良好的人际关系也是增强孩子安全感的重要方式。比如，父母可以经常做一些好吃的点心或者好玩的手工让孩子带到学校与其他同学分享，增进孩子们之间的感情，加强孩子和其他同学的交流与互动。

2. 引导孩子正确处理情绪

从婴幼儿开始，父母就应该积极地引导孩子学会正确处理情绪的方式。孩子在幼年阶段通常会通过哭闹来表达自己的不满，父母应及时安抚并转移孩子的注意力。上小学后，孩子虽然具备了一定的情绪控制能力，但仍然不够成熟，所以他们表达愤怒和不满的方式依然离不开哭闹和暴力。此时，父母应尽量引导孩子合理地宣泄不良情绪，如倾诉、运动、涂画、唱歌等。同时，父母应该让孩子明白，他所拥有的这些愤怒、难过的情绪是每个人都会拥有的，但应当通过合理的方式宣泄，不能危害他人。

3. 父母以身作则，树立良好的榜样

父母是孩子最好的老师，父母的一言一行在潜移默化中也影响着孩子。心理学研究发现，很多爱打人的孩子身边往往有脾气暴躁的人存在。孩子的暴力行为很可能是在模仿家长的行为。当孩子出现打人行为时，父母首先要检讨自己或家人是否在孩子面前表现出了暴力倾向，如果有，务必及时改正。

贪玩——一放学就和伙伴玩疯了

8岁的紫涵，上小学二年级，她平时开朗活泼，上课认真听讲，成绩也不错。可是妈妈仍然很担心，因为紫涵有一个不好的习惯——每天放学一回家就和邻居家的孩子疯玩，不管怎么叫都不回家，如果强行叫她回家，就会大哭大闹一场。哪怕是回家也会邀请小朋友到自己家一起玩，小朋友要是不来，她就在家吵闹个不停。

为此，妈妈既无奈又着急，紫涵这么贪玩影响学习怎么办？有没有什么好办法改变她呢？

其实，紫涵妈妈的烦恼很多父母也都有，孩子只要放了学，一定要在外

面玩够才会回家，有时候要靠父母三番五次地催促才会心不甘情不愿地回家。到了周末，孩子更是贪玩成性——早上起床后就跑得没影了，就连午饭都不愿意回家吃，晚上在家吃完晚饭后，想让其在家把作业写完，可是一转眼，又不见了人影……

的确，孩子贪玩让父母头疼不已，虽然父母也明白爱玩是孩子的天性，可万一孩子贪玩过度，影响学习怎么办？

既然父母知道爱玩是孩子的天性，那么对于孩子贪玩的事情，也不要过于担忧。7~9岁的孩子对外面的世界充满了好奇，他们渴望探索，渴望学习，而玩正是他们探索和学习的一种方式。俗话说，会玩的孩子更聪明。玩可以促进孩子的大脑发育。因为通过玩耍，孩子会产生激动、愉快等情绪，这些情绪可以很好地激发和调动大脑的神经，所以贪玩的孩子多半都是乐观开朗、勇敢大胆、有想象力和创造力的孩子，而且他们的自我发展倾向也比较强烈。

7~9岁的孩子都是在玩乐中学习和成长的。德国教育学家赫尔巴特曾经说过："每个孩子都存在贪玩的心理，父母要让孩子在贪玩中学到知识，不能让它成为孩子生活、学习道路上的绊脚石。"所以父母在纠正孩子贪玩的习惯时，要引导他们在玩乐中学习，不能一味地只学不玩，要寓教于乐。

具体如何改变孩子贪玩的习惯，以下的四点或许对父母有所帮助。

1. 顺应

玩是孩子的天性，7~9岁的孩子除了学习就是玩，此时的他们在认识世界和人际交往上进入了一个全新的阶段，特别是上小学以后，各种学习和生活压力扑面而来，玩也就成了他们学习与生活的调节剂。因此，父母要理解孩子的贪玩心理，并顺应孩子的心理发育规律。不要过分压抑他们的天性，毕竟把孩子变成"小大人"并不一定是好事。

2. 利用

虽然，大部分的父母都非常重视孩子的教育，可并不是所有的父母都知道该怎样去做。其实父母只要好好地利用孩子爱玩的心理特点，寓教于乐，就可以做到事半功倍。

3. 制约

在孩子贪玩的时候，父母要做好以下三个方面的制约。

一是时间制约。父母要根据孩子的年龄特点来安排每天的活动时间，不可轻易打乱正常的生活规律。

二是活动强度制约。父母要制约孩子的活动强度，强度大的游戏会损耗孩子的体能，降低孩子的免疫力，容易导致孩子生病。

三是活动比重的制约。随着孩子年龄的增长，父母要制约孩子玩的比重，增加孩子学习的比重。让孩子从以玩为主逐渐过渡到以学习为主。

4. 诱导

把孩子的好奇心、求知欲往书本上"诱"，往学习上"导"。只要孩子学习的兴趣浓了，爱玩的心也就淡了。此外，父母要做好孩子的榜样，用一言一行去引导孩子，就像父母在麻将桌旁打麻将，却要求孩子去读书，这样也是行不通的。父母要时刻注意自己的言行，用爱读书、爱学习、求上进的具体行动去引导孩子。

所有的父母都希望孩子能拥有一个快乐的童年，让他们玩得开心，可随着社会竞争日益激烈，孩子的快乐却越来越少。父母在教育孩子的过程中要注意引导孩子，让孩子在玩耍的过程中不仅能体验到快乐，还能学到知识，并提升自我，不要让孩子从"爱玩"变成真正的"贪玩"。

这样和孩子定规矩最有效

俗话说："没有规矩，不成方圆。"世间之事之所以秩序井然、有条不紊地进行着它的千变万化，皆是因为人们遵守规矩。规矩带给人的束缚并不会制约一个人的发展，反而可以促进其更好地进步，教育孩子亦是如此。很多父母在教育中都会定下一些条条框框来约束孩子的行为，可折腾了半天，却收效甚微。殊不知，给孩子制定规矩也要考虑孩子的年龄特点才行。

微微上小学二年级，这个周末的语文作业是完成一张试卷。周六吃完午饭，微微就开始做作业了，但总是一刻不安稳，写一会儿作业就跑去吃点儿零食，然后再去喝点儿水，反反复复，大半个下午都快过去了，试卷都还没有完成一半。妈妈在一旁实在看不下去了，于是就给微微定了个规矩：在接下来的 1 小时内必须把试卷全部做完。

为了让微微早点儿将作业做完，接下来的时间里妈妈便一直在旁边监督提醒着，微微最终在规定的时间内完成了作业。这之后每次做作业时，妈妈都会规定时间来约束微微的散漫行为，但微微总是很抗拒，几番坚持下来，妈妈感觉有点力不从心。后来有次和朋友聊起此事，朋友开导她："你女儿才 8 岁，你让她长时间老老实实坐着，她肯定坐不住呀，这对她这个年龄的孩子来说有点强人所难"。

经过朋友的一番开导，微微的妈妈茅塞顿开，原来自己在定规矩时没有考虑到女儿的年龄特点和心理特点，规定她写作业的持续时间太长。后来微微的妈妈对时间要求进行了调整：规定微微每写30 分钟作业可以休息 10 分钟。

新的规矩制定好后，微微多数情况下能很好地按照规定写完作业。从此以后，微微写作业再也不用妈妈在旁边一直盯着了。

著名儿童教育家陈鹤琴先生在《家庭教育》一书中也提到了"父母应当按照孩子的年龄和心理特点予以恰当的做事动机"。也就是说，如果想要孩子心甘情愿地遵守规矩，积极主动地将规矩进行下去，父母首先要做的便是按照孩子的年龄和心理特点来制定规矩，只有这样和孩子定规矩才最有效。

那么，对于 7 ~ 9 岁的孩子来说，如何给他们定规矩呢？

1. 给孩子定下规矩后，要严格执行

规矩就是一定的标准、准则或习惯，有一定的约束性。7～9岁的孩子正处于行为准则养成的关键阶段，父母不管给孩子制定什么样的规矩，都应该严格执行，如果定了规矩不执行，孩子就会漠视规矩。

丽丽妈妈经常给孩子定规矩，只是每次定下的规矩都是随口一说，所以丽丽也从来没有认真执行过。有次丽丽做完作业后觉得时间还早，就在自己房间里打开电视看起了动画片，妈妈忙于做晚饭，就随口给丽丽说只能看一小时电视。后来等做好晚饭要吃饭时，丽丽已经足足看了两个小时电视了。虽然很生气，但妈妈对于丽丽看电视超时的行为也没有多说什么。

还有一次，丽丽偷偷地用自己存钱罐里面的钱去买了一个心仪已久的芭比娃娃，妈妈知道后批评了丽丽，并让她以后不管购买什么东西，都要跟爸爸妈妈说一声，不然将没收零花钱。可没过多久，丽丽又买了一个自己喜欢的布娃娃，事后妈妈才知道，但依然没有没收丽丽的零花钱。

这样几次下来，丽丽便发现妈妈每次都是"雷声大，雨点小"地吓唬她，却从来没有一次真正地处罚过她，因此对于妈妈定下的规矩，丽丽都是采取"左耳进，右耳出"的方式来应付了事。

妈妈对于自己所定规矩的漠视，也直接影响了孩子的执行力，孩子会认为妈妈只是随口说说而已，久而久之孩子便会形成懒散的状态。哪怕后面妈妈重新制定了规矩，孩子也不会再遵守了。

所以父母在给孩子制定规矩时，先要认真想想自己是否能按规矩来严格执行。如果定下的规矩自己都漠视，那又如何要求孩子去执行呢？

2. 要让孩子对规矩心存敬畏

要想让制定的规矩对孩子产生相应的约束力，制定规矩时就要附带一定的惩罚措施。如果孩子没有按照规矩来执行，那么将受到一定的惩罚，这样

一来，孩子就会对规矩心存敬畏。很多父母会由于孩子的哭闹而心生怜悯，总想着等孩子长大了就守规矩了。因此，当孩子触犯了规矩时，就不了了之了。殊不知，你一时的心软，有可能会导致孩子对规矩的反抗、抵触，甚至无视规矩的存在。这样孩子怎能养成良好的遵守规矩的意识呢？

3. 规矩要具体化、简单化

对于7~9岁的孩子来说，自控能力仍然比较弱，对事物的理解能力也不会很透彻，所以制定规矩时要考虑内容的简单与具体性，不然太复杂的规矩可能令孩子难以理解，也会导致孩子反感。比如妈妈制定规矩要求孩子保持房间干净、整洁，那么怎样才叫干净、整洁呢？妈妈不妨试着变换一种通俗易懂的说法来告诉孩子：起床后要自己叠被子、整理床单，作业做完后要整理书桌，垃圾要丢在垃圾桶里等，这样的话，孩子就比较容易明白该怎么做。而这样具体一点的规矩，孩子会更乐意接受，也更容易执行。

第八章

独立而执着，

学习能力有了很大的提升

　　7～9岁这一阶段，也是孩子智力发展的加速期。在这一阶段，孩子的学习能力会有很大提升。父母要抓住这一时期，了解孩子的学习意图和动机，了解孩子内心的想法，从而利用心理学效应帮助他们端正学习动机，让孩子爱上学习、主动学习。

上课开小差，学习注意力容易分散

图图今年8岁，读小学二年级，他平时还是比较听话、乖巧的，唯独上课喜欢开小差，学习注意力不集中，这让妈妈伤透了脑筋。

据老师反映，图图上课时不是在座位上东张西望，就是在下面玩弄自己的铅笔、尺子等。总是听一会儿、玩一会儿，很少有注意力完全集中的时候。为此，图图没少受到老师的批评。

为了让图图改掉这个毛病，妈妈没少苦口婆心地劝导，并和图图约定改掉这个毛病后就带他去游乐场玩。可是每次图图都坚持不了几天，一节课45分钟，他总是心神恍惚、神思游离，因此经常被老师点名提醒。图图自己也明白上课就得认真听老师讲课，也想过要改，可每次一到课堂上，就不由自主地又走神了。

由于经常不认真听课，图图的学习成绩一直都不好，妈妈既担心又着急，毕竟小学正是孩子学习打基础的时候。

孩子上课时不认真听课、思想开小差，相信这是困扰着老师和父母的一大难题。思想开小差，孩子就会做些与学习无关的事，比如画画、写纸条、掏耳朵、与同学交头接耳等，导致无法全神贯注地听讲，从而影响到学习。

很多父母认为孩子上课开小差是由于不重视学习、爱玩引起的，于是便给孩子讲一堆关于学习重要性的大道理，叮嘱孩子只有认真学习才能出人头地。有的父母甚至满足孩子一切想玩的条件，认为孩子玩好后就能收心投入到学习中了，结果孩子依然没有任何改变。于是，父母就开始质疑孩子是否有多动症或者思想不端等问题，其实这些都不能从根本上解决问题。

7~9岁的孩子虽然已经具备了一些自我控制能力，但还不太稳定，容易受到外界诱惑而导致分心，课堂上看到什么好玩的、稀奇的事物，思想立马就转移过去了。有的孩子成绩平平得不到老师的重视，就想通过上课开小差的方式来吸引老师的目光，哪怕是批评，至少也能引起老师的注意。还有的孩子觉得老师不随和，也不喜欢老师的讲课方式，或者对老师所讲的内容不感兴趣，这些原因都会导致孩子在上课时注意力不集中、思想开小差。

心理学上有一个定律，叫"不值得定律"，简单来说就是：不值得做的事情，就不值得做好。"不值得定律"直观地反映了人们的内心活动：如果人们从心里就认为某件事不值得做，那么落实到行动上自然也会敷衍了事。同样，孩子在课堂上听课，如果他心里认为这些内容没多大用处或者不感兴趣，就会采取消极的态度来敷衍学习，也就不认真听老师讲课了。

诚然，不管什么原因，孩子如果不认真听课，对他的学习将是有百害而无一利的。作为父母，不要不问青红皂白就粗鲁地斥责孩子，应该在平时多加强与孩子的交流和沟通，了解孩子思想开小差的真正缘由，对症下药才能从根本上解决问题。

以下三个方法可以帮助父母训练孩子的注意力，有利于孩子在课堂上专心听讲，值得父母一试。

1. 帮助孩子排除某些干扰

孩子不认真听课，可能是受到某种事物的干扰分心了。比如，有的孩子可能是对新的老师、新的环境不适应；有的孩子可能是受到老师批评，心怀不满；有的孩子可能是生病了、没休息好。父母只有了解清楚干扰孩子的原因，才能有针对性地帮助孩子解决问题，从而让孩子的注意力回归到课堂上。

2.发掘孩子的学习兴趣

兴趣是一种积极向上的动力，也是促进孩子学习最好的老师。如果孩子对学习提不起兴趣的话，是很难将注意力集中起来听课的。反之，如果孩子对学习有着浓厚的兴趣，那么不用任何人督导，孩子自然就会聚精会神地聆听老师讲课。所以，父母要善于发现、挖掘孩子的学习兴趣。

7～9岁的孩子正是好奇心很强的时期，父母可以引导孩子认识到知识能带来的用途。比如，学习英语可以和外国的小朋友聊天交流，学习数学可以锻炼自己的思维能力，学习语文可以锻炼自己的口才……各门课程父母都可以采取与现实用途相结合的方式来激发孩子的兴趣。

对于孩子来说，没有什么比取得成功受到表扬更让他们期待的了。要想让孩子产生学习的动力，父母在孩子学习的初始阶段就不要期望太高，以免过高的期望给孩子造成思想压力。此外，对于孩子在学习中取得的点滴成绩，父母要及时给予肯定和鼓励，让孩子感受到成功的喜悦，这样孩子才不会因为某一次的失败而对学习失去兴趣。

3.利用"舒尔特方格"训练孩子的注意力

训练孩子注意力的方法有很多，最简便易行的、适合父母的家庭训练方法，莫过于使用著名的"舒尔特方格"。"舒尔特方格"不但可以简单测量注意力水平，而且是很好的注意力训练方法。需要特别说明的是"舒尔特方格"训练适用于7~12岁的孩子。

"舒尔特方格"的测量和训练都是极为简单的。父母可在家里自制几十张"舒尔特方格"。具体的制作方法如下所示。

准备好白纸和笔，在纸上按照5行5列的方式画出25个方格，然后在格子里填上任意的数字。表格的制作样式如下表所示。

表 1 "舒尔特方格"训练表

3	15	24	21	2
8	22	10	25	13
7	12	1	17	5
18	20	23	19	6
11	4	16	9	14

训练时，要求孩子用手指按从 1 到 25 的顺序依次指出其位置，同时诵读出声，父母在一旁记录测试者测评所用的时间。数完 25 个数字所用时间越短，注意力水平越高。

父母需要注意的是：在进行"舒尔特方格"训练时，要告诉孩子不要因为要找一个数字就忽略其他的数字，也不要一行一行地察看。父母在训练的过程中，不能每天使用同一张表格，同一张表格最多连续使用两次。需要根据孩子的具体情况制作出不同的表格，表格里的数字和难易程度也要有所不同。

进行"舒尔特方格"训练的时间为每天 5~10 分钟，当点完所有数字所用时间连续 10 天都无法继续提升时，就可以调高级别了。父母每天对孩子进行"舒尔特方格"训练一段时间后，孩子的注意力将会大有改观，孩子做起事来专注的时间也会越来越长。

爱刨根问底——每个孩子都是一本《十万个为什么》

新新刚上小学一年级，新环境让他接触到了许多新鲜事物，于是他更加喜欢问"为什么"了，还总是打破砂锅问到底。刚开始爸爸妈妈对于新新的提问还有问必答,但后来新新的提问越来越多、越来越稀奇古怪,爸爸妈妈感到有些厌烦了。

一天晚上,妈妈正在厨房准备晚饭,新新抱着图画书在沙发上看。隔了一会儿新新拿着书跑过来问妈妈"这个字怎么读""那个是什么"……一连串问了好几个问题。妈妈正忙着炒菜,于是吼了一句:"真烦人,怎么那么多'为什么'!"看到妈妈生气了,新新一脸委屈地从厨房里退了出来。

吃晚饭时,在饭桌上新新又开始向妈妈提问:"妈妈,你知道蚯蚓为什么要生活在泥土里吗?"看到新新不好好吃饭还一个劲儿地提问,妈妈没好气地说:"你管它生活在哪里呢,快点儿吃饭!"见妈妈没有回答自己的问题,新新又转身去问爸爸:"爸爸,你说蚯蚓为什么要生活在泥土里呢?"爸爸瞪了新新一眼,略带怒气地说:"你的成绩都退步了,不好好学习,还成天问这些。"

受到了爸爸妈妈的斥责,新新从那以后再也不向他们提问了,平时话也少了,时常一个人坐在沙发上发着呆。看到儿子这样的状态,爸爸妈妈有些后悔,觉得那天不该对新新发火。

7~9岁的孩子正处于对未知事物充满好奇的阶段,小脑袋里总是装着无限可能,想知道花为什么是五颜六色的,小鸟为什么能在天上飞,为什么会有白天黑夜,汽车的轮子为什么会转,等等。为了弄明白这些问题,他们就会不停地向父母提问。可能父母有时候自己都觉得很惊讶,孩子为什么有这么多问不完的问题?被孩子逼问得多了,有些父母也会觉得深受其扰。

其实,爱刨根问底是7~9岁的孩子探索欲强的一种表现。在这个年龄段的孩子的视觉、听觉、触觉以及心理的发育正在逐步完善,学到的知识越来越多,接触到的人和事也越来越广泛。对于其中的一些事物,由于认知能力有限,他们想要弄明白缘由,最直接的方法便是通过向父母提问来解答心中的疑惑,甚至常常刨根问底,不搞清楚誓不罢休。

遗憾的是，在现实生活中很多父母对孩子的提问不够重视，不仅没有耐心解答反而还加以斥责，使得孩子受到打击而失去了提问的信心，对身边的事物也渐渐失去了好奇心，就像上文案例中新新的父母一样。

孩子如果爱刨根问底喜欢问为什么，恰恰说明他们的内心有着强烈的好奇心和求知欲，这种心态会促使孩子去探寻事物的真相，既可以扩大孩子的知识面，还可以丰富孩子的内心世界。著名教育学家陶行知先生曾说："孩子得到言论自由，特别是问的自由，才能充分发挥他的创造力。"

那么，父母应该如何去做才能让孩子保持这种提问的兴趣呢？

1. 对孩子的提问应表现出积极的态度

孩子爱提问是好事情，父母不要觉得孩子问题过多就缺乏耐心解答，也不要因为心情不好或者被其他事情耽误，就对孩子的问题采取敷衍的态度，甚至在言语上诋毁孩子。

孩子只有对事物感兴趣时才会不停地追问缘由，这种难能可贵的求知欲和探索精神，父母应加以重视并积极给予正确的回应。比如孩子问诸如"为什么太阳公公只在白天才出现""为什么星星不是圆形的"此类问题时，父母就算回答不上来也不要表现出厌烦。有时候孩子并不是想要一个标准的答案，他只是希望得到你的重视和认可。如果父母对孩子的提问表现出浓厚的兴趣，孩子就会受到鼓舞，自然学习的兴趣也会强烈一些。

此外，回答孩子的问题，父母的表现一定要真诚，哪怕一时忙于其他事情没有时间解答，也可以对孩子说："爸爸妈妈明天有空再来一一回答你的问题可以吗？"记住，既然答应了孩子就要说到做到，千万不要让孩子失望。

2. 父母可以反问孩子

对于孩子的提问，如果父母有问必答，这样也容易造成孩子的依赖心理。为了避免这种问题出现，父母也可以采取反向思维——通过反问来诱导他思考问题，借着孩子的问题，引发孩子更多的思考。

比如，孩子问："为什么大人要上班呢？"那么父母就可以反问孩子："如果爸爸妈妈不上班，结果会怎样呢？"这样的反问，可以引导孩子深入思考问题，并积极寻找答案。这样孩子不仅可以从父母的反问中找到答案，而且还可以锻炼思维能力。重要的是，反问还可以促使孩子养成"心中有疑问，自己先思考"的良好习惯，而且在父母反问的引导下，孩子自己就能获得答案，也有助于他自信心的培养。

3. 被孩子问住了，应如实相告

孩子的问题千奇百怪，什么类型的都会有，有的父母也确实不知道如何解答。毕竟知识是无限的，父母也不是百科全书，不可能事事都知晓答案。有些问题比较复杂，三言两语也说不清楚，父母可以如实地告诉孩子："这个问题爸爸（妈妈）也不清楚，不过爸爸（妈妈）可以去查阅资料后再来回答你的问题。"当然也可以让孩子参与进来，重要的是一定要尽可能地给孩子一个满意的答复。

对孩子的提问，父母要加以重视，不要觉得孩子还小就糊弄、搪塞孩子，更不能告知孩子错误的答案。在孩子的眼里，父母的话是有权威的。与其让孩子学习错误的知识，还不如如实相告，让孩子在探索的过程中学到更多的知识。

写作业拖拉磨蹭是这一阶段孩子的显著特点

每天晚上，妍妍家里都要上演这样一幕："妍妍，快点儿写作业。""都10点了，你的作业怎么还没写完？""你能不能快点儿写？在那儿磨蹭什么呢？"……对于以上的情景，妍妍妈妈既无奈又苦恼。她说，妍妍不仅写作业拖拉磨蹭，其他的事情也一样磨磨蹭蹭，妈妈为此催促她、责备她，甚至是恐吓她，都没有用。

无独有偶，橙橙是小学二年级的女孩，因为写作业拖拉磨蹭的事，妈妈已经和她做了两年的斗争了。橙橙妈妈说："橙橙每天写作业时总是磨磨蹭蹭的，不是开小差就是发呆，不是吃东西就是看电视，几乎每晚都要 11 点才做完。"

在如今人人都讲高效的时代，碰到拖拉磨蹭的孩子，的确会让不少父母抓狂。想要真正解决孩子的拖拉磨蹭问题，父母首先要明白孩子为什么写作业时喜欢拖拉磨蹭。拖拉磨蹭顾名思义就是做事情时拖拖拉拉，毫无效率。其实，孩子在 3 岁之前是没有时间概念的，他们对时间的理解并没有父母那样确切。随着年龄的增长，孩子对时间的理解逐渐发生了变化，也形成了一定的标准。7 ~ 9 岁的孩子已经具有了一定的时间观念。拖拉磨蹭只是孩子用来反抗父母的手段，是孩子对父母控制的"软性"反抗，也是孩子表达内心不满的方式。

从心理学的角度来看，拖拉磨蹭是 7 ~ 9 岁的孩子的共性，是这一时期孩子显著的心理特点。如果父母就此鲁莽地斥责、打骂，那么对孩子的成长是不利的。7 ~ 9 岁的孩子拖拉磨蹭的原因，从心理学角度分析，主要有以下两种。

1. 逆反

拖拉磨蹭有可能是孩子对抗父母的手段。现如今，人人都望子成龙、望女成凤，希望孩子所有的时间都用来学习，留给他们自由支配的时间少之又少。比如，孩子刚做完老师布置的作业，父母又布置额外的家庭作业，这种教育模式让孩子苦不堪言。孩子为了给自己减轻压力，只好想出拖拉磨蹭的招数来"对付"父母：作业慢慢做，反正做完了还是会有，还不如做慢一点儿。所以拖拉磨蹭是孩子对父母控制的软性对抗。

孩子学习的效率是由他们的心理和情绪等因素支配的，拖拉磨蹭代表着他们的任性：你说你的，我磨蹭我的，我就当没听到。当父母责骂时，孩子不吭声，则代表着他们内心的愤怒、失望和伤心。

2. 模仿

父母的行为状态决定着孩子的行为状态。有的父母自己在某些方面也有严重的拖延症，做事不讲效率、拖拖拉拉。原本可以很快完成的事，一定要拖很长的时间；原本可以提前完成的事，一定要拖在最后一刻。这种拖拖拉拉的行为在潜移默化地影响着孩子。久而久之，孩子自然会办事拖拉磨蹭。

此外，如果孩子觉得读书是一件痛苦的事情，没有感受到学习的乐趣，每天都勉为其难地学习，甚至是应付老师和父母，那么你让他读书、写作业，对他来说就是煎熬，他当然是能拖就拖了。

假如父母就此斥责、打骂孩子，只会引起孩子更大的不满和反抗，同时父母与孩子的关系也会在此过程中逐渐淡化，这显然违背了父母的初衷。

面对写作业拖拉磨蹭的孩子，父母究竟该怎样做呢？

1. 一分钟专项训练

父母可以采取一分钟专项训练法。比如，找一些笔画和书写难度相当的汉字，让孩子在一分钟内书写，看最多可以书写多少个汉字，并记录每次的训练情况，进行对比。

通过以上训练法，不仅可以让孩子明白一分钟可以做很多事情，使孩子懂得时间的珍贵，学会珍惜时间，而且还可以提高孩子写字的速度和做题的速度。最好是每天训练三到五组，一组为一分钟，训练时间为一个星期。

2. 停止催促，坚持表扬

父母对孩子做出的效率高的事要立即予以表扬。比如，"你今天写作业快了好多，不错哦！"通过这样的表扬来激发孩子提高做事的速度和效率，父母在表扬孩子的时候，尽量不要再提孩子做得不好的地方。

3. 节约下来的时间由孩子自由支配

父母可以给孩子规定作业完成的时间，假如孩子提前做完了，那么节约下来的时间必须由孩子自由支配，让孩子做自己喜欢的事情。比如，玩玩具、打游戏或是踢球。这时父母不能再额外布置家庭作业，这样孩子就会主动抓紧时间写作业，因为早点儿完成就能有更多的时间自由支配，从而逐渐形成良好的时间观念。

总而言之，对于写作业拖拉磨蹭的孩子，父母要用自己的耐心和爱心去帮助孩子逐步转变。父母还要学会总结教育过程中的经验，适当转变方法，逐渐提高孩子的做事速度和效率。

制定孩子能够实现的目标——篮球架效应

喜欢看 NBA 篮球赛事的父母，对格里芬、詹姆斯这些球星应该不会陌生吧，你是否会因格里芬、詹姆斯的经典动作"暴扣"而激情澎湃呢？但如果你静下心来耐心地看完整场比赛，你就会发现，比赛中真正胜负的关键并不是得到了多少大力灌篮，而是纳什、保罗等这些基本没有什么扣篮技术的人从中穿针引线，才促成了比赛输赢的走向。

如果篮球架有两三层楼房那么高的话，那任谁再厉害也别想把球投进篮球圈，更别提灌篮了；如果篮球架跟常人身高差不多高度的话，那投篮不用费多少力气就可以完成，但这样没有一点挑战性与技术含量的动作，也没什么意思，激发不起人们的兴趣。反而是跳一跳就能够得着的高度，才让篮球成为一项世界性的体育竞技类项目，造就了后仰跳投、空中接力等灌篮的经典动作。

在心理学上，人们把这种以高度的热情去追求"跳一跳，够得着"来达到目标的现象称为"篮球架效应"。

"篮球架效应"如果运用在家庭教育中，也可以给父母带来启示：只有合适的目标，才能让孩子产生浓厚的学习兴趣与前进的动力。反之，如果父母从自己的意愿出发随意给孩子制定过高目标的话，只会适得其反。

最近，成成心情烦闷，特别不开心。面对妈妈给自己制定的新目标——期末考试冲入前三名，感觉压力特别大。其实成成的成绩一直保持在班里的前十名，比较稳定，可妈妈就是不满意，总是制定各种不同的目标来要求成成。

就在刚刚过去的模拟考试中，成成考了第八名，这与妈妈定下的目标相差甚远。眼看期末考试的时间越来越近了，成成一直忐忑不安：一方面担心达不到目标会让妈妈失望，另一方面也觉得目标过于遥远而无法企及。

"揠苗助长"这个典故相信很多人都听过，意思是把禾苗拔起，以帮助其生长，用来形容人们违反事物的发展规律而急于求成的心态。这也是很多中国式父母惯有的教育心态，他们喜欢给孩子设定高目标、高期望值，以此来促进孩子的学习。可是，不合理的学习目标不仅起不到促进的作用，反而还有可能扯孩子学习的"后腿"。比如，父母经常在7~9岁的孩子面前强调："读书才是你唯一的出路""只有考上大学才能出人头地"这类的话，那么孩子就真的能凭借这种动力好好读书并考上大学吗？答案是否定的，毕竟对于7~9岁的孩子来说，理解能力还有所欠缺，思维能力还不成熟。他们所能想、能看到的只会是短时间内的事，基本不会去想未来很多年才会发生的事情。所以"读书是唯一的出路""考上好大学"这类话对孩子而言并没有什么诱惑力，远不如一件玩具、一件新衣服让他们更期待。

父母应该如何利用"篮球架效应"给孩子制定正确的、合适的目标来帮助孩子学习呢？

1. 给孩子制定目标时需遵循两个原则

父母给孩子制定目标时一定不要盲目，可以遵循以下两个原则。

一是全面分析并了解孩子各方面的情况后再去制定目标，注意目标的可行性与合理性，还要考虑7~9岁的孩子的心理发展状况和承受能力。制定的目标不要太高，要符合孩子的整体状况，是孩子通过勤奋努力就能实现的。

二是每个孩子的能力有所不同，差异是必然存在的，父母要注意教育目标的层次性和具体性，不要过于笼统，应分析不同层次下孩子现有的水平状况，根据孩子自身的情况来制定不同时期的目标。让孩子在目标的实现过程中获得成功的喜悦，从而增强学习的信心。

对于学习能力稍弱一些的孩子，父母不能一下子把目标定得太高，可以先制定一个比过去稍有进步的小目标，在孩子完成目标后，再给予鼓励，逐步制定更高的目标。

2. 帮助孩子细分目标

不管什么目标，父母都可以帮孩子采取细分的原则来精细化、准确化，目标越小越集中反而更容易对症下药，不然目标太大、范围太广，就很容易偏离原先的轨道而失去方向，导致无从下手。所以在给孩子制定学习目标时，可以采取由小目标慢慢向大目标靠拢的方法，循序渐进地帮助孩子。

下面介绍一种细分目标的具体方法——剥洋葱法，父母可以借鉴使用。

所谓剥洋葱法，就是像剥洋葱一样，和孩子一起把计划中的大目标分解成若干个小目标，再将每个小目标分解成若干个更小的目标，一直分解下去，直到孩子知道当前该干什么。

剥洋葱法要把孩子的目标分成四级，依次为大目标、小目标、更小的目标、即时目标。对于 7 ~ 9 岁的孩子来说，父母在运用剥洋葱法细分目标时，可以把孩子的大目标分解成 6 个月的长期目标，然后把 6 个月的长期目标分解成 3 个 2 个月的中期目标，接着把每个中期目标分成 2 个 1 个月的短期目标。进而，再将孩子 1 个月的短期目标分解成周目标，周目标分解成日目标，最后分解到孩子现在该去干什么。

在这里需要提醒父母的是：在分解目标的时候要和孩子一起分解，要让孩子看到目标一步一步被分解到当前的样子。最关键的是，不管孩子的目标有多大，一定要分解到孩子当下该去做什么。

总之，作为父母，应该正确认识自己孩子的能力，制定符合孩子成长的能够实现的目标。只有能够实现的目标，才能有效地激励孩子，使孩子成为自主的、积极的、努力的人。

永远拿第一名的孩子未必真优秀——第十名效应

1989 年，时任浙江省 ×× 市 ×× 小学的周老师，受邀去参加了一次毕业 5 年后的学生所组织的聚会。在聚会中通过观察，他发现了一个比较惊人的现象：踏入社会 5 年，那些曾经在学校成绩突出的好学生，成就却一般，过着平淡如水的生活；反倒是那些在校时成绩平平的学生，事业风生水起，不是创业公司老板，就是高层管理人才。

这个现象引发了周老师的好奇心，于是他用长达十年的时间对151名从小学、中学到高中各个阶段的学生，做了一个深入的调查。通过调查，周老师发现学生的学习成绩会随着年级的逐渐升高而出现一个动态的变化过程，即成绩名次会出现后移和前移两种截然不同的情况。小学时成绩在班级排名前5名的，进入中学后名次会出现后移的情况，占43%的比例；小学时班级排名在7~15名的学生，进入初中和高中后，名次又会出现前移，高达81.2%的占比。

这种现象也就是心理学上所说的"第十名效应"。很多父母对"第十名效应"可能比较陌生，也不完全相信，觉得这只不过是成绩中等的孩子和父母用来自欺欺人的一种手段，以此来寻求自我安慰而已。而那些成绩好的孩子和家长就更不会相信了，因为这完全就没有科学依据来证明，纯属无稽之谈，孩子还这么小，怎么就能预料到以后的成就呢？孩子学习成绩不好，将来如何考大学，如何进一流的学府接受更好的教育，又怎么能够有所成就呢？

于是，争论的焦点就来了："第十名效应"真的有这么神奇，能预知未来吗？它真的实实在在地存在吗？

古代的科举考试，也是历朝历代朝廷选拔人才和授予官职的一种最直接有效的方式。曾经有人对唐朝到清朝时期的638名科举状元做过一项研究。研究发现在638名状元中，后期出类拔萃、有所建树的人屈指可数，大部分人为官为仕之后政绩平平，没有多大作为；而那些青史留名、才华横溢之人大多不是状元出身。比如，唐代的李白、杜甫，宋代的苏轼等。

在西方发达国家的历史上，不管是政治、经济，还是人文、商业方面，对社会经济增长和人类历史发展做过显著贡献的人，大部分也都不是当时的"学霸"，这一现象在科技界最为明显。比如，苹果的乔布斯、发现万有引力定律的牛顿、甲骨文的埃里森等。

当今国内也有很多业界精英，他们在读书时成绩都不是最出色的，但却无碍于他们后天取得的成功。

上述一些古今中外的现象似乎都在说明"第十名效应"有一定的道理。产生"第十名效应"的原因有很多，对于 7～9 岁的孩子来说，主要有以下两点。

首先，成绩只追求前三名的孩子，虽然能考出好成绩，但知识面容易受限，因为他们会把时间都放在书本知识上；而"第十名效应"的孩子，成绩中上等但学习基础不错，会花时间在课外的活动与阅历上，所以知识面宽广、心态好。

其次，成绩前三名的孩子学习容易产生压力，导致心态不稳，所以有时会发挥失常；而成绩中上等的孩子在成绩方面的压力相对比较小，学习氛围轻松，所以后劲儿足、进步快。

这种现象向人们传达了一直以来的一个误区，那就是一个人后天的成功与否并不是依靠读书时成绩的高低来决定的。著名心理学家斯腾伯格用"成功智力"解释了这种现象：他把学业上表现出的智力称为惰性智力，把达到人生目标的智力称为成功智力，而成功智力同时又包含了创造性、分析性、实践性三种能力。在现实生活中成功智力并不是一成不变的，而是可以不断修改和持续发展的，所以在孩子的教育中要使孩子平衡发展，保持成绩的稳定性，除了在学业智力和成功智力上保持双向平衡与协调，还要发展孩子的创造、分析、实践、沟通、管理等方面的能力。

每个孩子都有自己的闪光点，而"第十名效应"的意义，就是让父母更加清晰地明白"丑小鸭也会有蜕变成白天鹅"的那一天。从长远来说，各方面综合能力强的孩子长大成人后反而能更好地融入社会、适应社会，所以父母千万不要因为孩子小时候成绩不好，就觉得孩子将来成不了才，而轻言放弃。那么，为了让更多成绩中上等的孩子早日化茧成蝶，父母应该如何去做呢？

1. 别因短期名次，牺牲孩子的童真

从教育的长远角度来说，名次并不是最重要的，培养孩子更应该全面发展，不要让孩子读死书、死读书。太注重名次效应，容易对孩子产生压力，造成孩子焦虑与恐慌，所以父母应放宽心态，给孩子营造一个轻松的学习氛围。

此外，对于 7 ~ 9 岁的孩子来说，生活习惯和学习态度也是值得父母关注的。良好的生活习惯可以相伴人的一生，也是一个人综合素质的重要构成。学习的态度甚至比眼下的学习成绩更为重要。

2. 用平和的心态面对孩子的成绩

成绩单是老师对学生在一个阶段内学习成果的检测，不应该成为父母奖惩孩子的依据，但很多父母看到孩子分数低就会觉得孩子没有认真学习，浪费了自己的苦心，从而责骂孩子。其实大可不必这样，父母可以尝试用一种平和的心态去面对孩子的成绩，通过成绩单去分析孩子的学习情况，帮助孩子找到前进的方向与学习的动力。

不管在任何时候，心态都是至关重要的，尤其在考试时如果心态不好，也容易影响正常的发挥，父母一定要避免过多地询问孩子的分数和排名，不然会让孩子觉得你对他并非真正地关心，而只是在乎他的成绩而已。

对外界事物的好奇心不断增强——潘多拉效应

古希腊神话中有这样一则神话故事：

宙斯把一个盒子给了一个名叫潘多拉的女孩，并嘱咐她绝对不能打开。潘多拉拿到盒子后非常好奇，心想："为什么不能打开？里面究竟装了什么宝贝呢？"她越想越好奇，没多久，在好奇心的驱使下，潘多拉把盒子打开了。谁知盒子里装的是人类的全部罪恶，结果它们都跑到了人间。

这种"不禁不为、愈禁愈为"的现象，在心理学上被称为"潘多拉效应"。

7～9岁的孩子有无限的求知欲望和好奇心，外界的一切事物对他们而言都是那么陌生、新鲜和神秘。比如，鸡蛋对妈妈来说是食材，而对孩子来说却是可以孵出小鸡的神奇东西，他们可能会不停地摆弄它，想弄明白鸡蛋为什么可以孵出小鸡来。

好奇心越重的孩子，求知欲越旺盛，越能在求知的过程中体会到快乐，而这份快乐又会激励孩子不知疲倦地去探索更多的未知领域。换句话说，好奇心就好比赛车的发动机，它可以在激烈的竞争中保证赛车一直勇往直前、遥遥领先。

孩子在新奇事物和外界条件的刺激下，产生的本能反应可以促使孩子进一步发展，也就是说，好奇是孩子学习和兴趣的源泉。

大多数的父母因为害怕孩子受到伤害，希望孩子少走弯路，所以在教育孩子时，总喜欢用过来人的经验去阻碍孩子的好奇心。而孩子在好奇心的驱使下，不愿意听从父母的建议和忠告，越是不让碰的东西，就越想碰；越是得不到的东西，就越想得到。因此，孩子就出现了不听劝告的逆反行为。

实际上，这些由孩子好奇心引起的逆反行为就是"潘多拉效应"的表现形式，父母要善于利用孩子的好奇心，正确引导孩子，使孩子对学习产生兴趣。比如，有一位妈妈就是这样引导孩子的：

7岁的阳阳特别喜欢读故事书。有一天，妈妈拿着一本英语图画故事书看得津津有味。对此，阳阳非常好奇，就问："妈妈，你在看什么书，这么有趣？"

妈妈回答阳阳说："我在看一本非常有趣的英语故事书，等你以后学会英语时，就能看懂了。不过现在我还不能教你。"

阳阳天真地问："为什么呀？"

妈妈故作神秘地说："因为你太小了呀，教了你，你也学不会。"

阳阳的好奇心和好胜心被妈妈激发了出来。

自从那天以后，每次妈妈学英语时，阳阳都会凑过去学。久而久之，他的英语词汇量就超过了同龄的孩子。

你瞧，这位妈妈就巧妙地运用了"潘多拉效应"，成功地激发出孩子学英语的兴趣。英语不是母语，孩子在学习英语的时候，可能会本能地产生抵触心理，但这位妈妈并没有用常规的方式教孩子学英语，而是从孩子最喜爱的故事书着手，激起孩子想要学英语的好奇心。此时，孩子对英语的好奇心和学习英语的欲望，就被这位妈妈最大限度地激发出来了。

运用"潘多拉效应"其实就是利用孩子的好奇心理和逆反心理。只要父母对孩子的好奇心加以正确引导，就可以把孩子的兴趣转移到学习上，让孩子觉得学习不再是负担，而是一件既好玩又有趣的事情。

那么，父母应该如何利用"潘多拉效应"激发孩子学习的兴趣呢？以下三个技巧可以帮助你。

1. 鼓励孩子积极探索

在孩子的眼中，外界的一切事物都是新鲜的、神秘的、值得探索的。父母要尽量站在孩子的角度去看世界，去理解孩子的思想和行为，鼓励孩子积极探索世界。

比如，当孩子在做数学作业遇到困难时，父母不要急着把正确的解答方法教给孩子，可以先跟孩子这样说："这道题里有一个很好玩的解答方法，你多试一试就能发现这个秘密……"这样就可以利用好奇心来激发孩子自主解题的兴趣。

2. 引导孩子积极思考

7~9岁的孩子接触新鲜事物越来越多，知识面也越来越广，这时他们会变得越发喜欢提问，这对孩子来说是一件好事。父母要做的就是认真地回答孩子的问题，不敷衍、不搪塞，并巧妙利用"潘多拉效应"引导孩子积极思考，培养孩子勇于探索的精神。

3. 鼓励孩子观察生活

只要是新奇的事物都会引起孩子的好奇心，父母可以鼓励孩子细心地观察生活，通过日常生活中的小事、细节去发现问题，引导孩子进行更深层次的思考。父母要经常陪孩子一起去游乐园、动物园、植物园、博物馆等场所，因为这些场所更容易激起孩子的好奇心。

值得注意的是，父母在利用"潘多拉效应"的时候也要综合考虑孩子的学习兴趣和年龄水平，避免出现适得其反的现象。

比知识更重要的是自由的想象力——定式效应

一个周末，妈妈帮丽丽检查语文作业"把句子补充完整"的题目时，发现丽丽在回答"今年夏天之所以这么热是因为____"这个问题时，答案竟然是"教室里没空调。"妈妈非常生气，大声嚷嚷起来。对于丽丽的答案，妈妈觉得非常荒谬，认为丽丽根本就没有用心答题。

后来，语文老师又布置了一篇以描绘春天为主题的作文，妈妈想当然地以为丽丽会写一些赞美春天花红柳绿、百花齐放的场景，可是丽丽的描绘依旧出乎妈妈的意料："我一点儿也不喜欢春天。因为春天来了，沙尘暴也来了……"看到这里妈妈又责备了丽丽一番，并且认定丽丽的作文不合格，让她重写。其实，丽丽的本意是借春天的沙尘暴天气呼吁人们保护环境，可惜丽丽的用意妈妈并没有领会。

对于春天的描绘，丽丽充分发挥了自己的想象力。可是在妈妈的所谓标准、完美答案的面前，她的想象力多么势单力薄，被硬生生地扼杀在了萌芽之中。

在心理学上，有一个"定式效应"，是由德国心理学家缪勒和舒曼于19世纪后期提出来的，大意是指人们会把以前的心理倾向和累积的经验教训、思维模式等，在反复使用的过程中形成一种比较稳定的路线、方式、程序、模式，来对待身边的事物并影响到心理的活动。

故事中丽丽的妈妈就陷入了"定式效应"的思维。生活中存在这种思维模式的父母有很多，他们只是习惯于顺着定势的思维模式来考虑问题，所以不会过多质疑与追问为什么。受到这种潜移默化的"定式效应"思维所带来的影响，在教育孩子时这样的父母就会习惯性地去压制孩子的天性，这也是很多孩子创造力不足的原因所在。

有教育心理学家说，想象力是帮助孩子腾飞的翅膀，它可以帮助孩子冲破狭小的空间和层层束缚，让孩子的思想在更广阔的世界里遨游，提高孩子的创新能力。

美国一家权威咨询机构曾对 1~10 岁年龄段的孩子做过一项调查，结果发现 7~9 岁才是孩子想象力飞速发展的关键期，因为此时的孩子经过一定的学习，已经逐渐拥有了对形象事物的联想和转移能力。比如，看到镜子会想到圆形，还会联想到太阳、篮球、呼啦圈等。这种想象力，不仅可以激发孩子大脑的潜能，还能引发孩子的求知欲，父母为什么不高度重视，并加以保护呢？

著名物理学家爱因斯坦曾说过这样一句话："比知识更重要的是想象力，知识是有限的，而想象力是无限的，是知识进化的源泉，不仅推动着世界的进步，还包含着一切可能。"所以父母可以扪心自问下：你是否还在沿袭着一成不变的思维模式教育你的孩子？你的教育方式是不是压抑了孩子的天性，阻止了他们的想象力？

如果是的话，父母可以运用以下三个技巧来保护孩子的想象力。

1. 以鼓励的方式激发孩子对未知世界的探索

小时候的达尔文总是喜欢追着妈妈问"为什么"，有一次妈妈在院子里给小树浇水，还一边浇水一边说："小树小树喝饱水，喝饱之后开花朵，花朵落了结果实……"达尔文随即问妈妈："那小狗喝了水之后会开花结果吗？"

"不会，只有被子植物才会。"妈妈回答。

达尔文又问："有只开花不结果的吗？"

"当然有啊！"妈妈说。

"那有多少呢？"达尔文这个问题似乎难住了妈妈，不过妈妈没有生气，反而对孩子的提问很高兴，语重心长地对达尔文说了这样一番话："这个世界上有好多事情对我们来讲都还是未解之谜呢，等你长大了学了知识，就可以去破解这些谜题，好吗？"

达尔文妈妈的做法值得每位父母学习。面对孩子一连串的提问，达尔文的妈妈没有敷衍、逃避，也没有表现出对孩子不耐烦的态度，而是认认真真地回答了孩子的问题，并以一种引导和鼓励的方式，激发孩子对知识的探索欲。妈妈对于达尔文想象力的保护与启发也为他日后取得令人瞩目的成就打下了坚实的基础。

2. 想象力和知识从来不是死对头

有人说知识是想象力的天敌，人们在获取知识的过程中，想象力无章可循，但知识循规蹈矩比较符合逻辑。换句话说，"知识的本质是科学，想象力的特征是荒诞"。其实，这样的说法根本没有科学依据。想象力和知识从来不是死对头，想象力恰恰来源于知识。

人类想要进入太空，于是制造了太空飞船；想要远涉重洋，于是又制造了轮船和飞机。这一切都不是凭空想象出来的，是看到了天空中飞翔的小鸟、大海中遨游的鲨鱼……从而受到了启发。

所以说想象力和现在的知识并不矛盾，而且想象力必须建立在知识的基础之上。

3. 多让孩子参与科学实践活动

敢想才有机会，敢做才有可能成功。这句话用在孩子身上也可以这样理解，只有充满想象力才意味着你可能有创新的能力，而创新能力的积累也需要在各种实践中才能获得，父母可以鼓励孩子参加一些富有挑战性的科学实践活动，如"我爱发明""模型制作"等，让孩子在活动中开阔眼界、拓宽思路来提升自己大脑的思维与应变能力。

哲学家狄德罗说过："想象，这是种特质。没有它，一个人既不能成为诗人，也不能成为哲学家、机智的人、有理性的生物，真正的人。"如果想让孩子拥有并保持丰富的想象力，父母就要先认识到想象力的重要性，拥有培养孩子想象力的意识，然后再从生活中的小事开始，从小就对孩子进行想象力的培养。

总之，想象力是人不可或缺的，父母想要让孩子拥有并保持丰富的想象力，不妨从生活的方方面面去培养孩子的想象力，让孩子多看、多想，并尊重、呵护和鼓励孩子勇于表达自己内心的想法。

第九章

最"讨人厌"的时期，
安全教育应放第一位

俗话说"七岁八岁讨人嫌，惹得鸡狗不待见。"说的是孩子在7～9岁时是最令人讨厌的，连鸡和狗都嫌弃。在这个年龄段，孩子由于活动意识增强，常常会做出一些没轻没重的行为，无视规则。这些行为往往会让孩子受到伤害，所以安全教育在这一时期就显得格外重要。父母需记住：安全教育，一定不是不厌其烦的叮嘱，也不是强制性的命令，而是通过孩子表面的行为去分析其背后的心理，然后做出具体的引导。

"熊孩子"频频闯祸，都是好奇心惹的祸

"熊孩子"，顾名思义指的是调皮捣蛋、喜欢搞破坏又不守规矩的孩子。这些孩子往往对事物充满着好奇心，小脑袋里总是装满着无限可能，遇到事物喜欢刨根究底，看到什么就想上去"折腾"一番，却不知这样的"折腾"一不小心就会引发祸端。下面是两则关于"熊孩子"的新闻报道。

报道一：一辆在铁轨上正常行驶的火车在行驶到某一路段时，司机发现前方线路有不明障碍物，于是采取了紧急刹车。原本正常行驶的火车因此而被迫在此停留了10分钟，而其他途经此地的火车也不得不对运行时间做了调整。后来经调查，发现火车行进的轨道上被3名偷偷溜进防护网的七八岁的孩子放置了一些石块。事情发生后，铁路公安机关对这3名孩子进行了批评教育，并传唤了孩子的监护人，责令其加强对孩子们的教育，避免类似的事情再次发生。

报道二：深圳某小区，星期一早上很多人开车去上班，却同时发现停在小区停车位的车子被人用利器不同程度地划伤了。经统计，划伤的车辆竟达25辆之多。后经监控调查发现，车辆都是被小区内一住户家的7岁小男孩用钥匙划伤的，问其原因，小男孩只说是觉得好玩才这样做……可这"好玩"的背后，他却不知道父母要因此恶作剧付出一笔数目不小的赔偿费。

看完这两则新闻，你的内心还能淡定吗？近几年，关于"熊孩子"惹祸的新闻报道层出不穷，只有你想不到，没有他们做不到的。很多人都很困惑：为什么7~9岁的孩子这么爱闯祸？

俗话说："七岁八岁讨人嫌，惹得鸡狗不待见。"处于这一成长阶段的孩子，对事物充满着好奇心，凡事喜欢探究为什么，看到什么都想大显身手，尝试一番。尤其是男孩，越好奇越危险的事情就越觉得有挑战性，不计后果地去尝试，结果一不小心就"闯祸"了。

好奇心是孩子求知的动力，也是孩子成长的必然。孩子有好奇心是好事，但是如果因为好奇心而造成一些无法挽回的错误，甚至影响到他人正常的生活，那就需要引起家长的重视了，否则你的"熊孩子"迟早会制造更大的祸端。

父母作为孩子人生的第一任老师，在日常生活中一定要正确引导孩子的好奇心和探索欲，并强调安全的重要性。如果父母平时没有提醒、告诫孩子的话，那么孩子在玩耍时，遇到潜在危险，自己会难以判断，不能自觉回避，甚至会如初生的牛犊一般，对危险这只猛虎视若无睹，从而造成令人追悔莫及的恶果。

"司马光砸缸"的故事可谓是家喻户晓，广为流传。说的就是北宋时期著名的政治家、史学家、散文家司马光小时候的事情。

当时年仅7岁的司马光跟一群小伙伴们在院子里玩耍，院子中间有个大水缸，有个小孩由于好奇、贪玩便爬到了缸沿上，一不小心掉进了装满水的缸中，眼看着那个小孩就要沉下去了，其他孩子一看出了事，就吓得边哭边跑。

但司马光却急中生智，直接从地上捡起了一块大石头，使劲朝水缸砸去。缸破了，水流了出来，小伙伴也得救了。

从此"司马光砸缸"的故事便流传了下来，司马光的机智勇敢行为也一直为世人所称赞。从另一个侧面考虑，这个故事也反映了对 7 ~ 9 岁的孩子进行安全教育的重要性。

父母们不妨停下来好好思考一下：你的孩子是否具备基本的安全常识？他是否过马路时斜穿猛跑？是否从楼上随意抛物？是否随便下河游泳？又是否不知轻重地和同伴打闹？这些大大小小的事情，都需要父母们耐心地讲解，教孩子们学会判断、分辨和预防。

对于 7 ~ 9 岁的孩子的安全教育，刻不容缓，我们应该让"安全第一"的意识在孩子们的心里生根发芽，成为他们日常重要的行为准则之一。

那么，作为父母，我们应该怎样做才能既保护好孩子的好奇心，又能保障孩子的安全呢？

1. 告诉孩子基本的安全常识

对于 7 ~ 9 岁的孩子来说，基本的安全知识父母一定要让孩子知晓，具体包含以下五点。

第一，过马路注意事项。"红灯停，绿灯行""宁停一分，不抢一秒"，过马路时一定要看指示灯，切不可闯红灯、翻越护栏，不按道路规则行走。

第二，乘车注意事项。乘车途中不要将头或胳膊伸出窗外，应等车停稳再上下车，以免摔倒或者被车门夹手夹脚，此外千万不要乘坐黑车。

第三，户外注意事项。放学或周末时，不要随意跑到池塘游泳、水库钓鱼，也不要到建筑工地上玩耍，外出时一定要获得家长同意。

第四，用电注意事项。不要随意触碰各类插座，不要用湿手去触摸各类电器开关，不要在变压器等变电设备旁逗留或玩耍。

第五，求救常识。能够熟练掌握"110""120""119"等报警电话的拨打方法，遇到危险时要懂得求救的方法和措施。

2. 向孩子讲明正确的行为准则

告诉孩子哪些事情是正确的、可以做的，让孩子在日常的生活中，逐渐养成正确的行为习惯。比如，上学路上不要随意逗留，也不要轻易相信陌生人的话，更不能跟着陌生人去一些不熟悉的地方。与同学相处时，严格遵守学校的各项纪律，不过度打闹。参加活动时不要随意攀爬栏杆，不得损坏公共物品，不做伤害他人的事情，未成年前不得进出网吧等。

3. 父母以身作则，担当起安全教育的第一责任人

对于孩子的安全教育，父母应该承担起教育的第一责任。循循善诱，给孩子分析讲解事情的好与坏、利与弊，让孩子自己去理解、去消化。最重要的是，父母要以身作则，随时给孩子做一个好的表率。

没有哪个孩子天生就是爱闯祸的"熊孩子"，在孩子对事物充满好奇心的关键时期，父母若能借鉴上面的方法对孩子及时、有效地进行安全教育和引导，就能在保护孩子好奇心的同时有效助其避免危险。

我行我素，无视成人的规则

北京八达岭野生动物园老虎伤人造成一死一伤的事件似乎还未平息，宁波雅戈尔动物园就又再次发生了老虎咬人的事件。命丧虎口到底是谁的过错？

凶猛的老虎正在以残酷的事实告诉大家：不管何时何地都要遵守规则。你若无视它，它便比老虎还可怕；你若遵守，它将是你最好的护身符。

孟子说："不以规矩，不能成方圆。"世间万物皆有规律可循，人们在任何场合下都要遵守时代背景下的相关条文与规则，并自觉铭记于心，形成相应的规则意识，而教育孩子亦应如此。

什么是规则？

对家庭来说，"家规"就是规则；对学校来说，"行为规范"就是规则；对单位来说，"制度"就是规则；对社会来说，"法律"就是规则。

规则，对孩子来说，似乎是一种束缚，会约束他们的行为，所以他们不

愿遵守规则，甚至无视规则。特别是 7 ~ 9 岁这个年龄段的孩子，正处在自我意识的高涨期和儿童叛逆期，此时的他们会坚持自己的意愿，甚至会固执己见。他们经常会说"我要怎么样"或者"我不怎么样"。

"要"的阶段是执拗敏感期，孩子开始有独立意识与判断能力，会坚持自己心中所想和所认可的事物。比如，他们常常会说"我要这个，它是属于我的""我想要这样做"。比如，孩子做完作业收拾书包，妈妈帮忙装了两本书，孩子就不乐意了，非要把妈妈装好的书拿出来放好然后自己再装进去。很多人不理解，会觉得孩子倔强，其实这是执拗敏感期的一种体现——我要按照自己的想法来。

"不"的阶段是秩序敏感期，孩子除了会坚持自己的想法，开始学会用"不"来拒绝。比如，他们常常会说"我不要穿白色""我不喜欢这个味道"等。

父母在告诉孩子规则之前，不妨先树立好"要"与"不要"的边界，让孩子学会在这一年龄段遵守自己的规则。

虽然 7 ~ 9 岁的孩子无视规则是常有的事，但父母还是应该加强孩子的规则意识，让孩子对规则产生敬畏之心，避免遭受危险和伤害。

在生活中，我们经常看到很多父母抱着"孩子还小，长大就懂了"的心态，来为孩子不守规则的行为找理由开脱，甚至容忍孩子的放肆行为。

俗话说"冰冻三尺，非一日之寒"，孩子的这种行为绝不是一天两天形成的，而是长时间养成的一种坏习惯。所谓"三岁看大，七岁看老"，一个孩子若从小没有对规矩存有敬畏之心，不明白遵守规则的重要性，长大后又怎么能去遵守规则？因此，给孩子建立规则意识，宜早不宜迟。

那么，7 ~ 9 岁的孩子应形成怎样的规则意识呢？从学习方面来说，孩子在学习中应按时、按质完成作业，遵守校园纪律，团结友爱，不旷课不逃学；从生活方面来说，要尊老爱幼，不挑食不浪费，早睡早起，不破坏公共设施等。

7 ~ 9 岁这个阶段同样是规则意识形成的关键期，那么父母应该如何帮孩子树立规则意识呢？

1. 父母首先要以身作则

"排队时随意插队""过马路时不管红绿灯，凑够一帮人就往前冲""在禁止吸烟的公共场所，在醒目的'禁止吸烟'标志下，照样大模大样地吞云吐雾"……

这些不遵守规则的事情，作为父母的你，是否有当着孩子的面做过呢？在你无视规则的时候，是否曾想过还有另外一双眼睛在注视着你的一举一动，模仿着你的一言一行？

有本书上曾经讲过这样一个守规则的故事：

一个周末的下午，妈妈带着孩子去动物园玩，入园的告示牌上写着："观赏时间上午九点到下午四点"。孩子很喜欢动物，于是挨个儿将园内的所有动物都仔细看了个遍，还给猴子和骆驼喂了它们爱吃的食物，并与妈妈拍了许多好看的照片。眼看着时间不早了，妈妈催促孩子赶紧出园，不然就要超过规定时间了。

可孩子不以为然地说："妈妈，我还没看到孔雀开屏呢，再看一会儿，迟点出去吧。"妈妈却很坚定地说："规定只能到四点，再玩下去就超过时间了，这样就是不守规则了。"孩子带着哭腔恳求妈妈："就再等一会儿嘛，反正也没人会注意。"

妈妈用手摸了摸孩子的头，一脸严肃地说道："规矩就是规矩，不能因为没人看到就不去遵守。"说完便一把拉过孩子快速地出了园区。

从眼前来看，很多人觉得守规矩会吃亏，但其实所有你失去的都会以另一种方式回来，生活会悄悄奖励那些守规矩的孩子。父母是影响孩子最深的人，要想让孩子成为什么样的人，首先你得自己成为那样的人，这样才可能为孩子做好表率。身教胜于言传，想让孩子守规矩，请先从自身做起。

2. 暴力、粗俗的言行不能有

有些孩子喜欢模仿一些画面中的暴力手段，胁迫、强制违背他人的意愿，来实现自己的愿望，对于这种错误的行为父母应该如何去引导呢？

首先，帮孩子树立正确的是非观，告诉他："以后不能这样做了，这是野蛮的行为，是错误的！"其次，要让孩子学会自我反省，帮孩子学会控制、调整好自己的情绪，学会用更理性的方法来处理问题，坚决避免用暴力、粗俗的言行来解决问题。

3. 告诉孩子：勿以恶小而为之

有些孩子，生活中容易犯一些小错，违背一些小的规则，但父母看到了并不以为然，反倒认为这些小事情没什么大不了的。既然父母都这么认为，孩子就更不当回事儿了。"小时偷针，大时偷金"，小错会铸成大错。到孩子长大后犯了大错时，父母想后悔都来不及了。因此，父母一定要明白，小的规则同样是规则，同样需要重视，并且要求孩子重视。这样，才能够逐渐培养起孩子的规则意识。

每对父母都是爱孩子的，爱孩子就要让孩子安全、健康地成长，而这一切都离不开遵守规则。只有从小给孩子树立规则意识，才能让孩子成为一个有责任、有担当的人，在规则与爱的双重保护下，孩子才能有更好的未来。

做事没轻没重

课间操结束后，凯凯和芳芳在教室外玩耍。他们你追我赶，玩得很高兴。突然，他们不小心撞到了一起。凯凯的头碰到了铁栅栏上，顿时鲜血直流。一旁的芳芳吓坏了，大声地哭了起来。

凯凯也吓坏了，站在原地不知所措。其他的同学赶紧告知了老师。很快地，老师便把受伤的凯凯带去了学校医务室，并打电话通知了凯凯的家长。医务室的医生很仔细地替凯凯包扎了伤口，又给他打了一针破伤风。由于处理及时，伤口也不是很深，凯凯不久便痊愈了，但是额头上却留下了一块伤疤。

很多7～9岁的孩子都和上面案例中的凯凯和芳芳一样，做事毛手毛脚、不知轻重，十分莽撞。父母也不明白，这究竟是什么原因造成的。

通常，造成孩子行事鲁莽、没轻没重的原因主要有以下三点。

第一，7～9岁的孩子大脑皮质的抑制机能尚未完全发育成熟，皮质对皮下的控制和调节作用相对较弱，孩子的兴奋与抑制无法平衡，容易造成冲动。

第二，好动、好斗、对运动有永不满足的欲望是7～9岁的孩子的天性，这种天性也造成了他们容易受伤、容易损坏物品。

第三，缺乏安全常识。比如，经常会有7～9岁的孩子从高处往下跳扭伤脚、玩一些尖利的器具被刺伤、品尝某些不能食用的物品而中毒等事件发生。发生这些伤害的根源都在于他们缺乏基本的安全教育、无法预见自己行为的后果。

做事莽撞、没轻没重是7～9岁的孩子成长过程中的一种常见现象。父母要对这种行为充分重视，才能避免孩子在种种莽撞行为的累积下形成不良的习惯，甚至养成鲁莽、草率、浮躁的性格，影响孩子的一生。如果父母发现自己的孩子经常会做事没轻没重、伤害自己或他人，就应该及时帮助孩子进行纠正，并教给孩子一些常见的安全常识。

当然，在纠正的过程中，父母一定要注意自己的态度，切忌轻率、粗暴地责骂孩子，而应该耐心、细致地帮孩子分析原因，有针对性地予以纠正。以下三种方法可供父母参考。

1. 让孩子亲身体验做事没轻没重的后果

如果父母发现自己的孩子有做事没轻没重的行为，就应该经常提醒孩子在做事之前想好后果。当7～9岁的孩子在没有想好后果而莽撞行事之后，父母不必急着对孩子大吼大叫，更不用苦口婆心地和他们摆事实、讲道理，让他们去尝一尝莽撞行事的苦果，一定能让他们深刻地记住教训。

> 男孩踢球时不小心打碎了邻居家的玻璃。邻居气愤地找上门来，要求男孩的父母照价赔偿。男孩的爸爸真诚地给邻居道了歉，并给予了赔偿，把事情解决了。邻居走后，爸爸对男孩说："玻璃是你打破的，你必须对自己的行为负责。现在爸爸帮你还了钱，你利用暑假时间打工，以劳动来换取你赔的钱。"
>
> 于是，男孩在暑假时，一直很卖力地打工赚钱。

故事中的男孩，就是曾担任美国总统的里根。虽然这只是里根成长过程中的一件小事，但是里根却从来没有忘记它，并且不止一次地在媒体面前提及："通过自己的劳动来承担过失，使我懂得了什么叫责任。"

"自食其果"对教育做事没轻没重的孩子能起到意想不到的效果。当孩子因为莽撞犯了错误后，比起训斥与说教，给他一个机会品尝自己酿造的苦酒更能让他印象深刻。比如，在生活中，如果孩子因为一点小事和小伙伴产生冲突把别人打伤了，父母在处理完事情后，可以把整件事的花费一笔一笔列出来，告诉孩子为了替他的莽撞买单，家里花了多少钱，并和孩子约定，这笔钱是父母暂时为他垫付的，他必须通过劳动来亲自承担这笔赔偿，并和孩子就赔偿的具体细节和方法进行商讨。

2.给孩子订立规矩，并明确后果

没有规矩，不成方圆。我们生活在一个法制社会，人人都应该守规矩。要想让孩子从小懂规矩，父母应该从小便为孩子订立一定的规矩，杜绝对孩子的娇惯溺爱和百依百顺等行为。

立规矩时，父母应该明确地告诉孩子，哪些事是可以做的，哪些事是不能做的，哪些事做了会有怎样的后果。比如，父母在规定孩子不能爬高墙时，应该明确地告诉他爬高墙容易摔下来，会伤到他自己，严重的甚至还会危及生命安全。再比如，父母在规定孩子不能拿着大树枝乱舞时，应该明确地告诉孩子，如果不听劝阻，非要拿着大树枝乱舞，就要取消他周末的出游计划。这样一来，孩子权衡利弊，便会有所收敛。

当然，规矩一旦订立，就要坚决地执行，切忌修改，更不能把规矩变成一纸空文。

3. 增加孩子的生活经验

著名教育家陈鹤琴说过这样一句话："孩子的知识是从经验中获得的，而孩子的生活本身就是游戏。"在孩子成长的过程中，父母具有帮助孩子广泛接触各种事物、积累生活经验的义务。具体来说，父母可以结合孩子做事没轻没重造成的后果，让孩子接受教训，从而学会一些基本的生活常识。比如，当孩子因为玩火、玩水、玩刀而受伤时，父母可以抓住机会，告诉孩子玩火、玩水、玩刀的后果，并教会他们一些急救知识，减少孩子做事没轻没重行为的同时，增加他的生活经验。

在 7～9 岁的孩子的脑海里，通常还没有明确的勇敢和莽撞的概念。随着电子产品的普及，孩子们在生活中接触到的电视剧、电影、游戏中可能会存在打斗的画面，里面的人物也通常拥有刀枪不入、踏空飞行等超能力……这在一定程度上会给孩子带来负面的影响，让孩子分不清究竟什么是勇敢、什么是莽撞。此时，父母必须做好孩子成长路上的导师。当孩子效仿媒体中某位"英雄"的"勇敢"之举时，父母应该明确地告诉孩子，那些都是虚构的，现实中的平凡人不可能具备这些超能力，而且那样的"勇敢"行为不值得学习。

能破坏的全都破坏，简直是个"破坏大王"

天天从小就很喜欢各种玩具汽车。到了 7 岁时，爸爸妈妈给天天买的玩具汽车加起来有上百辆了，但这些玩具汽车都难逃一个噩运：被天天拆得七零八落，有的少了轮子，有的少了车门……客厅、卧室、书房随处可见玩具汽车的小零件。

天天把拆玩具汽车当作乐趣，无论爸爸妈妈怎么教育，他都无动于衷，依然我行我素。爸爸妈妈无奈之下只好放任自流，以为他长大了就会好点儿了。可是事与愿违，随着年龄的增长，天天的破坏行为有增无减，有时会偷偷地把爸爸的电脑电源拔掉，有时会把妈妈养的花剪掉……

天天8岁生日的时候，小姨送了他一个从国外带来的遥控警车玩具。天天收到礼物的当天就把遥控警车给"解剖"了。这一举动彻底激怒了妈妈，天天不仅挨了顿打，还被警告"再也别想买玩具了"。即使是这样，天天也只是安分两三天，然后继续当他的"破坏大王"。天天的爸爸妈妈也很无奈，不知道怎么改掉天天的这个毛病。

相信大多数父母在孩子7~9岁的时候都领教过他们的"破坏本领"，也曾经试图阻止他们，生气呵斥、好言相劝、彻底放任……都无法改变他们将东西变成废品的"破坏天性"。

其实，拆东西、搞破坏是孩子成长的必经过程。从心理学的角度来看，孩子7~9岁的时候正是他们好奇心、求知欲、探索欲迅猛发展的时期，他们拆开自己感兴趣的东西，多数情况下并不是想要搞破坏，而是想通过自己的双手去寻求内心疑惑的答案。比如，为什么小汽车会跑，为什么小飞机会飞，为什么汤姆猫会学别人说话等。孩子看一看、拆一拆、摔一摔，正是为了满足他们的好奇心、求知欲和探索欲，这样的行为也是他们发展思维能力和培养动手能力的动力。

作为父母，应该重视和爱护孩子的求知欲和探索欲，以宽容的心态面对孩子的"破坏"行为。盲目地阻止、训斥、打骂，只会抹杀孩子对事物的求知欲、探索欲，甚至可能会阻碍孩子思维的发展，扼杀孩子智慧的萌芽。

孩子在拆玩具的时候，经常会问各种问题，并积极寻求答案。父母要肯定他们这种求知和探索的精神。此外，还应该适时地给予孩子引导，告诉他们不顾后果地随意破坏东西是不对的。更应该让他们知道诸如家用电器、充电玩具此类的东西是有危险性的，不能随便乱拆。7～9岁的孩子有了一定的认识能力，只要父母用对了方法，孩子的这种行为也会慢慢地发展到 "正道" 上去。

总而言之，父母在面对孩子的 "破坏行为" 时，应该以鼓励和肯定为前提，帮助孩子分析 "破坏行为" 的利弊，因势利导，既让孩子明白安全的重要性，也不打击孩子的求知欲。以下三个方法，应该可以帮助因家中有 "破坏大王" 而苦恼的父母。

1. 心理满足法：父母适时地参与孩子的 "破坏活动"

7～9岁的孩子对自己 "破坏性" 背后的才能和天赋是没有意识的，需要父母以积极的手段去引导和激发，他们的 "破坏活动" 也需要父母的鼓励和参与。孩子通过双手和双眼进行着他们的 "破坏活动"，这个过程满足了他们的好奇心、求知欲和探索欲，同时，也发展了他们的思维。父母适当地鼓励和适时地参与这个 "破坏活动"，可以激发孩子的创造力以及对更多事物的探索欲，同时也能在与孩子互动和引导时，和孩子一起探寻结果，一起将破坏的玩具还原、修复。这个过程，既拉近了孩子与父母之间的距离，也满足了孩子内心的欲望。

父母参与孩子的 "破坏活动"，可以有意识地为孩子创造 "破坏" 的条件（如为孩子选择一些智力型的、结构较简单的玩具等），引导孩子在 "破坏" 中思考，指引他们从中探索答案。

2. 寓教于乐法：父母在孩子的 "破坏" 中渗入安全教育

父母可以在孩子游戏或 "破坏" 时，有意识地将安全教育渗透进来。在日常生活中父母也应经常告诉孩子哪些行为是安全的、哪些是不安全的。寓教于乐的方式既不会让孩子反感，也能让孩子在无形中养成安全意识。孩子以后再进行 "破坏活动" 时，就会下意识地考虑安不安全、能不能做。

3. 及时告知法：及时给予提醒和安全指导

7～9岁正是孩子好奇心强的时候，当孩子第一次接触危险事物，或尝试具有危险性的活动时，父母应该告知孩子将会出现的危险，以及应对危险和避免发生危险的经验。在孩子尝试"破坏"时适当地给予提醒和安全指导。

"破坏"是孩子成长的必经之路，孩子7~9岁的时候更是处于"破坏"的高峰期，这个时期是对父母耐心的重大考验。在这一时期的父母，既要维护孩子的求知欲，又要适当地对孩子进行安全教育，这对孩子快乐、安全地成长很重要。

7~9岁，儿童交通事故高发期

据一项调查报告显示：在全球，平均每90秒就会有1名儿童死于交通事故。国内交管部门也对某一时期的交通事故做了深入分析，发现交通事故中儿童占多数，其中七八岁刚上小学的孩子占30%。中国每年都有超过1.85万名的14岁以下少年儿童丧生于交通事故。

看到这份数据，你是否触目惊心？为何交通事故中儿童的占比这么高？又为何频频发生在七八岁的孩子身上？仔细分析下来，不难发现原因主要有以下三个。

第一，孩子身体的受限。这个年龄段的孩子身高有限，在马路上很难看清周围具体的交通状况，而司机因为视角的原因也不太容易发现他们。

第二，认知水平的受限。这个年龄段的孩子由于对交通规则和车辆行驶状况的了解还处在一个逐渐摸索的过程中，在头脑中还很难形成深刻的印象。在面对突如其来的交通变化时，很容易慌神儿，且不能准确判断车辆的方向和速度等，因而还不能很好地采取预防和躲避措施。

第三，父母对孩子缺少交通安全教育。儿童交通事故频发的主要原因在父母身上，平时父母没能以身作则，也没有给孩子具体讲明交通安全注意事项，当孩子独自在路上遇到危险时，很有可能置身危险而不知，也不能及时有效地做出常识性的辨别而导致受到伤害。

全球儿童安全组织（Safe Kids）曾对 6 个国家共 6 000 名 14 岁以下孩子的家长做过一项问卷调查，巴西、印度、卡塔尔、南非、美国 5 个国家中均有 60% 的父母对孩子上学路上的安全问题表示担心，而中国只有 46% 的父母表示会担心孩子的安全。从这份数据上来看，国内父母对孩子交通安全问题的重视程度还不够，安全意识还处于相对薄弱的状态。

那么，父母在对这个年龄段的孩子进行交通安全教育时可注意以下三个方面。

1. 在生活情境中建立交通安全意识

首先，只有父母自身严格遵守交通规则，才能起到良好的示范效果，从而更有利于培养孩子交通安全的意识和习惯。

其次，父母在日常生活中可以利用各种机会带孩子认识交通警示信号和道路标志，并讲解安全常识问题，告诫孩子不能在马路上跑跳嬉戏，离汽车的距离也要远一些，不能相隔太近，更不能私自在停车场内玩耍，以免司机突然发动车辆时视线受阻而造成伤害。不要在车辆行驶的地带进行打球、骑自行车等运动。在经过小区门口或者其他的十字路口时不要过多停留，这些繁忙路段可能会因躲避不及被碰伤或者剐蹭。

最后，父母在孩子面前要随时强调交通安全教育的重要性，并督促孩子按正确的交通安全法规去执行，为孩子上好交通安全的第一课。

2. 强化孩子的交通安全常识

7 ~ 9 岁的孩子大多有了一定的交通安全知识，但是几乎 90% 的孩子对交通安全知识掌握得不够全面。父母大都会从孩子小时候起就告诉孩子"红灯停，绿灯行"的交通安全知识，但有些孩子对具体的交通标识还是一头雾水，不知道该如何辨认。

因此，父母要注意强化孩子的交通安全知识，扫除孩子认知上的盲点。父母可以多带孩子过马路，通过切身体验来告诉孩子具体的交通安全知识。比如，在过马路时可以给孩子讲解交通行为"'停—看—过'三字诀"："停"，过马路之前要先停下；"看"，看信号灯的箭头指示方向，看车辆行驶方向；"过"，左看右看，快速通过斑马线。此外，针对马路上车辆左右转弯、禁止通行或者一些其他的交通标识，父母也应当教孩子认识并知晓它们的作用。

3. 培养孩子安全出行的习惯

著名作家、教育家叶圣陶先生曾经说过这样一番话："教育是什么？往简单方面说只需一句话，就是培养良好的习惯。"好的习惯可以让人终身受益，一个人只有拥有良好的行为习惯，才能更好地约束自己成为高素质、高情商的人。父母可以在日常生活中，有意识地帮孩子从认知方面到行为方面强化训练，虽然 7 ~ 9 岁的孩子不能很好地迅速理解，但父母可以试着由简到繁，循序渐进地来帮助孩子培养安全出行的习惯。比如，提醒孩子过马路时要靠右边走，坐车时要系好安全带，乘坐自动扶梯时要抓好扶手……任何习惯的养成都不是一朝一夕的事，培养孩子安全出行的良好习惯，需要父母长时间的教育和督导，这样才能让孩子加强印象，逐渐形成好习惯。

交通安全是人们生活的重中之重，而孩子的安全问题更是每个家庭的重任。要想让孩子每天安全地上学、回家，安全地过马路，父母就一定要加强对孩子的交通安全教育，并从自身做起，带动孩子一起遵守交通规则，安全出行。

预防走失及拐骗，不给坏人以可乘之机

7 岁的萌萌是个淘气的孩子，一次，她和爸爸去公园玩耍时，因为淘气被爸爸责骂了几句后，便独自跑到公园外面。此时，有个 40 多岁的陌生男子走过，看到独自一人的萌萌，于是连哄带骗将她拐走。当爸爸在公园找了一圈没有发现萌萌的身影时，他急忙报警，警察经过多番侦查后，找到了萌萌和诱拐她的男子。

萌萌之所以会被坏人轻易拐走，一方面是因为爸爸疏忽大意，没有看管好孩子，给坏人提供了可乘之机；另一方面就是萌萌没有防骗意识，容易轻信陌生人。

每个孩子都是父母的宝贝，一旦被坏人拐走，后果不堪设想。因此，父母在平时一定多教孩子一些防骗知识，加强孩子的防骗意识。比如，父母可以以讲故事的方法向孩子灌输"不要跟任何陌生人走"的观念，同时也要告诫孩子，不要轻易接受陌生人的东西，如玩具、零食等，更不要相信陌生人说的"我是你爸爸妈妈的朋友，他们现在有事，要我来接你"之类的话。

此外，父母在日常教育孩子的过程中应该采取温柔的方式，而不是以斥责、打骂的粗暴方式压制孩子，避免孩子因赌气离家出走而被拐骗。尤其是7~9岁的孩子，虽然他们的自主意识增强，但缺乏较强的辨别能力和自我防范意识，很容易被陌生人的"甜言蜜语"骗走。

虽然孩子被拐骗的新闻屡见不鲜，但很多父母仍不甚在意，觉得被拐骗的事情不会发生在自己孩子身上，忽视对孩子的防拐骗教育。其实，人贩子一直徘徊在我们身边，医院、车站、公园、商场等人员密集的地方都是他们有机可乘之处，一旦孩子在这些地方到处乱跑，很容易被人贩子钻空子，被诱骗拐走，父母不得不防。

归纳起来，坏人拐骗孩子的方式主要有以下三种，父母应当提高警惕。

1. 引路诱骗法

7~9岁的孩子通常都有乐于助人的善良品质，但由于他们缺乏较强的辨别能力，很容易在陌生人询问路线需要引路时，单纯地被骗。

2. 权威诱骗法

这种情况大多是因为孩子的家人大意，将孩子信息随意透露给他人所致。通常人贩子会叫孩子的名字，并跟孩子说"我是你爸爸妈妈的朋友，他们现在有事，要我来接你，我已经跟你们老师打招呼了"之类的话。这样的"权威诱骗"让孩子深信不疑而上当受骗。

3.礼物诱骗法

7～9岁的孩子有较强的好奇心，很容易被人贩子利用。比如，人贩子会对孩子说："小朋友，我有一个礼物要送给你，你知道是什么吗？我带你去我车上看看。"这样的话很容易吸引孩子跟随。

以下是防止孩子被拐骗的具体方法，父母不妨学习一下。

1.不要让孩子离开父母的视线范围

和孩子出门时，一定要让孩子待在自己身边。如果孩子想要离远些去玩耍，父母要时刻注意孩子的动向，保证孩子在自己的视线范围内，以免孩子意外失踪。

2.孩子穿着要显眼

和孩子出门时，要给孩子穿显眼的衣帽，特别是那些颜色鲜艳的容易辨认和发现的衣服。这样在人多的场所，父母就能一眼认出孩子，同时父母要牢记出门当天孩子的衣着特征，手机上也要存有孩子的近照，以备不时之需。

3.教导孩子对陌生人保持警惕心

父母应该时刻叮嘱孩子不要和陌生人接触，不能接受陌生人的任何东西，更不能和陌生人走等，教导孩子不要被利益诱惑驱使。此外，对于个别熟悉的人也要提高警惕，这样的坏人孩子不容易辨识，父母应当根据自己的经验和判断来告知孩子远离这样的人，以免上当受骗。

4.给孩子讲防骗的小故事

父母可以经常关注一些拐骗孩子的案例，并将案例编成故事讲给孩子听，与孩子一起分析遇到同样的状况时该怎么做、该怎样自救，从而加深孩子的防拐骗意识，加强他们的自救能力。

5.与孩子进行失踪情景演练

在日常生活中，父母要教孩子识别公共场所的各种标识，告诉孩子不慎走失时，可以在检票处、售票处、收银台、广播室这些地方等待家人；也可以与孩子进行失踪情景演练，让孩子体验拐骗经过，训练孩子应对拐骗者的反应能力。这种直观、形象的教育方式可以防患于未然，加深孩子的防拐骗意识，增强他们的防拐骗能力。

6. 让孩子牢记家人的电话

让孩子牢记家人的电话，在遇到危险时打电话给家人，或者拨打110报警后告诉警察家人的电话，学会自救和求救。有条件的父母也可以考虑给孩子买一块电话手表，既不会影响孩子正常上课学习，也能随时监控孩子的动向。

此外，由于很多父母工作繁忙，让老人带孩子，无疑让拐骗者有了更多的可乘之机。那么，老人带孩子时怎样防止拐骗？可以学习这些方法：在老人带孩子之前，先让他们熟悉周围的生活环境，给老人指出不能带孩子去的那些不太安全的地方；让老人随身携带存有孩子父母电话号码的手机，遇到紧急情况及时联系孩子父母；提醒老人不要随意将孩子的信息透露给他人。

在本节的最后，分享一段沈腾表演的小品《防拐》里的歌谣，父母可以把这段歌谣教给孩子：

陌生人，给零食，莫伸手，不贪吃；

陌生人，来搭讪，不说话，转身走；

陌生人，给饮料，不要喝，怕下药；

陌生人，抱你走，抓住栏杆不松手；

家长们，得警惕，防拐意识要升级；

孩子们，别恐惧，爸妈一定找到你。

防灾避险，教会孩子防范意外伤害

曾经发生过这样一个真实的案例：

一天傍晚，8岁的小男孩跟爷爷奶奶从外面回到家，打开门的瞬间一股刺鼻的煤气味扑面而来。在爷爷奶奶的叮嘱下，小男孩留在客厅等候，爷爷因为视力不好找不到煤气开关，于是叫奶奶把厨房的灯打开。这时，小男孩急忙躲到沙发后面大呼："不能开灯！"但是已经来不及了，奶奶已经把灯打开，只听到砰的一声巨响，厨房发生了爆炸。后来有人问小男孩为什么知道煤气泄漏时不能开灯，才得知是他在课堂上学到的安全知识。

2017年12月，《中国青少年儿童伤害现状回顾报告》指出：在中国，每年有54 000多名青少年儿童因意外伤害死亡。意外伤害一直是儿童的首要死亡原因，占所有死亡原因总数的40%~50%，是儿童身体健康和生命安全的"第一杀手"。

意外伤害猝不及防，一旦发生，就对孩子的身心都有很大的伤害。事实上很多造成意外伤害的不安全隐患就在孩子身边。据相关调查显示，有52%以上的意外伤害发生在家里，有些甚至就在父母眼前发生。"家即将成为儿童意外伤害的第一场所"的论断，并不是危言耸听。为了防止家庭意外伤害的发生，父母应该事先做好防范工作：将可能对孩子造成意外伤害的物品，如刀具、开水壶、打火机、药品等物品放在孩子接触不到的地方；家中的电源、开关、插座等，父母应该教会孩子它们的正确使用方法；阳台、窗户等地方应该安装防护网等。

此外，为了避免家庭意外对孩子造成伤害，父母应该尽早对孩子进行逃生、自救、求救等方面的教育：教孩子记住火警、急救等报警求助电话，在遇到意外时要及时拨打电话求助；教孩子一些简单的医疗急救方法；告知孩子煤气泄漏时应及时关闭煤气总阀门，开窗通风，一定不能开灯、打电话、触碰电子打火开关等，以免发生爆炸。

7~9岁的孩子对任何事物都有很强的好奇心，这是他们探索世界的本能，但是缺乏安全意识和自我保护能力的他们很容易遭受意外伤害，父母的警觉和防范尤为重要，尤其是对以下五个常见又容易忽视的意外伤害的防范。

1. 跌落摔伤

很多孩子由于父母的不谨慎而发生跌落意外。父母应该在阳台、窗户等地方加装安全防护网，将窗台下的可攀爬物品移走，防止孩子攀爬不慎跌落窗外；保证家中地面干燥没有水渍，在卫生间、楼梯等地方摆放防滑垫，防止孩子不慎滑到。

2. 气管异物窒息

不要在家中显眼的地方摆放扣子、硬币等小物品，以及带小零件易拆分的物品；孩子吃饭时不要与之说话，更不能逗其大笑；孩子走路时最好不要吃东西；孩子吃鱼时，让他细嚼慢咽，以免被鱼刺卡住。当孩子发生被异物卡住的情况时，应该及时就医。

3. 火灾和烧烫伤

尽量避免孩子接触火源，如打火机、煤气灶等；家中装修时最好不用过多的易燃物品；门口过道不要摆放杂物等。教导孩子遇到火灾时及时逃离现场，或拨打火警电话求助。

教孩子烧伤烫伤的急救方法，如被烧伤烫伤导致皮肤发红起疱时，应及时用自来水冲，或把受伤部位放在干净的冷水中浸泡，待到疼痛缓解后及时涂抹烫伤膏；如果被烧伤的皮肤已经破皮出血，则不能碰水，应该及时就医。

4. 溺水

千万不能让孩子独自去河里、湖里或水库里游泳，父母应该陪同孩子到正规的游泳场所游泳，因为那里有专业的救护人员。当然，在带孩子在正规游泳馆游泳时，要密切注意孩子的动向，不要让孩子离开自己的视线，更不要边玩手机边看孩子。

5. 误服药品、有毒物质

父母应该把外敷、内服的药分开放置在孩子拿不到的地方；化妆品、洗衣液、消毒液等含化学成分的物品也应该放置在孩子不易拿到的地方。当孩子不小心误食了药品或有毒物质时，要立即就医，并随身携带孩子误食的东西。当孩子将一般家用化学用品涂抹在皮肤上时，应该及时用自来水冲洗；如果接触的是强酸性物质，则直接用毛巾擦干后立即就医。

总之，对孩子的安全教育刻不容缓。父母应该长期反复地向孩子灌输生活中常常遇到的各种安全问题，让孩子树立良好的安全意识和自我保护意识。

第十章

每位父母都能成为
孩子最好的心理医生

父母对孩子的教育除了让孩子学习到文化知识和生存技能，还要时刻关注他们的心理健康。如果父母不掌握孩子的独特心理、不了解他们的成长困惑、不掌握一些打开孩子心门的心理学方法，那么父母很容易陷入"孩子调皮叛逆，父母气急败坏"的教育困境。每对父母都要成为孩子最好的心理医生，利用心理学，让孩子养成自信、勇敢、豁达、乐观的个性品质。

修炼强大的内心——帮孩子远离"蛋壳心理"

　　7岁的蒙蒙很喜欢下五子棋，只要一有时间，蒙蒙就会拉着妈妈陪她"杀一局"。因为孩子喜欢，为了培养蒙蒙的"棋艺"，妈妈一有时间就"应战"蒙蒙。这本是一件很好的娱乐活动，但颇让妈妈苦恼的是：与蒙蒙下棋不能赢她，否则她就会号啕大哭、发脾气。即使妈妈故意让蒙蒙赢，也不能让她看出破绽。

　　有一次，家里来了客人，妈妈要做饭，无法陪蒙蒙下棋。作为客人的小表哥自告奋勇地陪蒙蒙下棋。没几分钟，蒙蒙就哭闹起来，说："表哥耍赖、欺负人，我再也不跟表哥玩了。"妈妈过来询问得知，蒙蒙跟表哥下棋总是输，所以蒙蒙很不开心，便大哭起来。蒙蒙哭哭啼啼的声音直到表哥故意输了蒙蒙两局才停止。

　　这样的事情在蒙蒙身上已经屡见不鲜。对此，妈妈也很无奈：既想让蒙蒙把下棋当成一个兴趣爱好，又不想蒙蒙总是为输棋而不开心。

看完蒙蒙的案例，我们不妨思考一下：蒙蒙为什么输了棋就会哭呢？

事实上，这是心理脆弱的一种表现。蒙蒙喜爱下棋又输不起；一旦输了，就会情绪低落，甚至哭闹不止，认为是别人欺负她。这样脆弱的心理正是"蛋壳心理"。

所谓"蛋壳心理"，就是内心像鸡蛋壳一样脆弱，一碰即破。有"蛋壳心理"的孩子通常有这些表现：只接受赞美，不能听到一丝反对之声；不能面对失败，只能接受成功；心理脆弱、多疑敏感，外表却高傲得像只孔雀；更有甚者，在遇到挫折或者障碍时，会出现极端的行为，有的甚至轻生……

不得不说，7～9岁的孩子是很容易产生"蛋壳心理"的。这是因为处在这个年龄段的孩子有了输赢的意识，却无法正确看待输赢。孩子的内心不够强大，一旦遇到没有达到自己期望的事情，就会变得脆弱不堪，所以"蛋壳心理"便时常会找上他们。

"蛋壳心理"是一种不良心理，是孩子良好个性形成过程中的障碍之一。父母要帮孩子远离"蛋壳心理"，修炼强大的内心，可以从以下三个方面入手。

1. 培养孩子的自信

拥有自信的孩子才会有奋发向上的内在动力，拥有自信的孩子才能在迷雾中找到正确的方向，拥有自信的孩子才能在成长的道路上披荆斩棘。所以父母一定不要忽视对孩子自信心的培养，让孩子拥有一颗强大的心。

第一，父母应该多鼓励孩子，帮助他们建立自信。孩子的自信来自赞美、肯定和鼓励。父母在日常生活中要经常鼓励孩子。比如，对孩子说："你长大了，进步了""你很棒、越来越会做事了，会做的事情也越来越多了""你是被需要的"等。时间会验证你做这一切的效果——孩子在你的鼓励下，自尊心会得到满足，从而建立足够的自信。

第二，父母应该尊重孩子，帮助他们积累自信。父母的尊重和信任对孩子建立自信尤为重要。父母不要经常埋怨孩子"没用""愚笨"等。即使是无心之言，这种消极言论也会对孩子的自尊心造成很大的伤害。父母应该把孩子看作家庭的一分子，尊重孩子的意见和想法。当孩子感受到自己在父母心中的地位，感受到父母对自己的尊重和信任时，自然而然也会增强自信心。

2. 培养孩子积极乐观的人生态度

乐观不仅是一种迷人的性格特征，更是"蛋壳心理"的防疫站。积极乐观的人生态度才会让孩子不再盯着"打翻的牛奶"，而是对自己充满希望。用宽容、乐观、积极的心态去看待自己和身边的世界，孩子的内心自然而然也就强大起来了。

要想培养孩子积极乐观的人生态度，最好的方法是父母拥有乐观的思维方式。父母以乐观的态度处理问题时，孩子会在一旁观察并模仿，从而慢慢学习并养成乐观的品性。心理学家研究表明，如果父母拥有乐观的人生态度，即使不采取任何方法，孩子也可以具备积极乐观的人生态度。

3. 错误是学习和成长的必经之路

不经历风雨，怎能见到彩虹？经历了跌倒，孩子才能学会走路；经历了错误和失败，孩子才能习得正确方向。只有不停地经历、反复地实践，才能总结出经验，而经验是最好的老师。

因此，当孩子犯错或是遭遇失败时，父母不应该过度插手，否则会给孩子一种心理暗示："我不行！"甚至在父母反应稍稍强烈时，孩子更会将心思放在"下次如何不让大人知道"上。

反之，当父母做一个旁观者时，孩子就会自己总结错误和失败的原因，并从中汲取经验和教训，当下次孩子不再出现同样的问题并成功时，孩子的成就感和价值感也会油然而生。这样经历几次后，孩子再出现错误和失败时，就会游刃有余地去面对并解决问题，潜意识里也认为自己是一个强大、有能力的人。

父母不妨试一下以上三种方法。孩子内心的能量是一点一滴地积攒起来的，培养一个内心强大的孩子，需要父母长期的、积极的教养。

陪伴教育——不仅要陪伴，而且要高质量地陪伴

深圳一所小学就"陪伴教育"在全校做了一个问卷调查。结果显示：只有不到15%的家庭每周有5次超过10分钟的亲子沟通。然而孩子越大，沟通的次数越少。

这个调查结果着实令人惊讶。关于陪伴教育，心理学工作者、伦敦大学心理学博士陈志林表示，缺乏父母陪伴的孩子，会有被遗弃的心理，这样的心理会导致孩子出现自卑、认知不足、情绪低落、学习能力低下以及人际关系处理不当等问题。从心理学的角度来说，每个孩子都需要陪伴教育，它在

孩子成长过程中是不可或缺的。

说到陪伴教育的重要性，不得不提一下美国心理学家哈洛的猕猴实验。

> 1959年，哈洛把新生的猕猴与妈妈分开，让它与一个假的毛绒猴子待在一起。为了让新生猕猴存活下来，哈洛把盛了奶的奶瓶挂在假的毛绒猴子身上，等待新生猕猴去吃奶。按照"有奶便是娘"的推断，哈洛本以为新生猕猴会去吃这瓶奶。可事实却正好相反，新生猕猴只有在饿得迫不得已时才会勉强去吃假毛绒猴子身上奶瓶中的奶。小猕猴成年后回到猴群中，表现出不合群、冷漠、孤僻的心理，甚至拒绝交配。

虽然哈洛的实验着实有些残忍，但这个实验却真实地凸显了父母的陪伴对孩子的重要性。7～9岁的孩子价值观正在慢慢形成，这时父母的陪伴教育对于孩子来说，极其重要。父母的陪伴不仅会让孩子树立起正确的价值观，还能在孩子心中发挥影响力，帮助他们形成良好的行为和学习习惯，为青春期的学习和成长奠定良好的基础。

令人遗憾的是，如今很多家庭都缺乏陪伴教育。归纳起来，主要有以下两大原因。

1. 时间的缺失

当孩子7～9岁时，大多数父母处在30~40岁，这个时期正是父母事业发展的上升期，也是人生压力最大的时候。所谓"鱼和熊掌不能兼得"，或是因为生计所需，或是为了职业发展，很多父母都把主要的精力放在了工作上，而在对孩子的陪伴上有所欠缺。

陪不陪孩子，从来就不是时间的问题，而是选择和价值排序的问题。父母要明白的是，工作没了可以再找，钱也是赚不完的，但错过了孩子的成长将会留下无法弥补的遗憾。

哈佛大学心理学教授吉尔博特曾经在接受杨澜采访时说道："十年以后，你不会因为今天少做了一个项目而遗憾，但你会因为没有多陪孩子一小时而后悔。"

奥巴马在长达21个月的总统竞选期间也从未错过一次孩子的家长会，并且在他任总统期间都坚持每天和女儿一起吃晚餐，并耐心地和孩子沟通，为孩子解决心里的疑惑和问题。

正在读这本书的父母们，如果你常常把无法陪伴孩子的原因归结于"忙"的话，现在请你停下来思考一下：你难道比曾经掌管一个国家的奥巴马总统还要忙吗？

2. 质量的缺失

虽然很多父母也会抽时间尽量地多陪伴孩子，有的甚至专职在家带孩子，但是在生活中，又有这样一种现象：孩子在旁边玩，父母在一旁看手机，对孩子说的话心不在焉，甚至在孩子打扰到自己时大声呵斥……这种"人在曹营心在汉"的陪伴并不是真正的陪伴教育，而是"无效陪伴"。

对孩子的陪伴教育，除了要陪伴孩子的成长，更要高质量地陪伴。要做到高质量地陪伴，父母应当明白以下两点。

1. 父母和孩子双方轻松愉悦地相处，才是高质量的陪伴

事实上，在家庭中，高质量的陪伴不仅仅是父母传统意义上全身心地陪着孩子玩耍，除此之外，还有一种高质量的陪伴对7~9岁的孩子尤为重要，那就是：孩子自己玩耍，父母在一旁工作。

这里的工作，并不是所谓的打电话、上网之类的工作，而是指孩子可以理解、模仿的工作。比如，看书、做家务、做手工等。与此同时，父母工作时的状态非常重要，当你专注、开心地工作时，孩子学到的不仅是父母所做的事情，还有父母做事的状态。

说到这里，或许有些父母会反驳道："孩子自己认真玩耍时精力都会非常集中，哪里会有心思观察父母在旁边干什么？这样的方式怎么会是高质量的陪伴呢？"实则不然，荷兰教育家伯纳德·李维胡德在《孩子成长历程——三个七年成就孩子的一生》一书中曾写道："孩子对他周围环境的感知越是无意识，这种感知渗透进灵魂的就越多。"孩子虽然看起来是在做自己的事情，并没有注意到父母的行为，但是他们的心里却感知得到这种陪伴。

父母不妨回忆一下自己 7～9 岁的时候，是不是也会想起自己在玩，父母悠闲自得地做着这类工作的场景和片段？这些灵魂的记忆是抹不去的，也会潜移默化地影响着孩子的做事态度。

由此可见，父母和孩子双方轻松愉悦的相处，才是高质量的陪伴。

2. 父母不以改变孩子为目的的陪伴，才是高质量的陪伴

有些父母在陪伴孩子时，总是对孩子进行诸多限制和挑剔。

比如，当孩子在地上捡起一片树叶兴奋地想与妈妈分享时，却被告知不能捡地上的东西，会把手弄脏。这样的陪伴，不仅会阻碍孩子的探索和想象，还会在他们心里形成"我什么都不能做"的心理阴影。真正高质量的陪伴是：关注，但不打扰。

比如，当孩子聚精会神地看动画片时，父母不妨试着跟他一起看，一起沟通动画片的内容，这样会加深他们对动画片里积极事物的学习，也能让孩子与父母更亲近。

最后，父母应该明白的是：不仅仅是孩子需要父母的陪伴，父母也需要孩子的陪伴。父母在与孩子的相互陪伴中共同成长，陪伴也是彼此最好的礼物。最美的陪伴应该是：你陪我长大，我陪你变老。或许，只有这样美好且高质量的陪伴，才会让孩子长大后，可以不必感受到悲凉的生命底色，代之以温暖和充盈富足。

牵着蜗牛去散步——教育是慢养的艺术

台湾作家张文亮曾经写过一篇《牵一只蜗牛去散步》的散文，内容是这样的：

上帝给我一个任务，

叫我牵一只蜗牛去散步。

我不能走得太快，

蜗牛已经尽力爬，

每次总是挪那么一点点。

我催它，我唬它，我责备它，

蜗牛用抱歉的眼光看着我，

仿佛说："人家已经尽了全力！"

我拉它，我扯它，我甚至想踢它，

蜗牛受了伤，它流着汗，

喘着气，往前爬……

真奇怪，

为什么上帝要我牵一只蜗牛去散步？

"上帝啊！为什么？"

天上一片安静。

"唉！也许上帝去抓蜗牛去了！"

好吧！松手吧！

反正上帝不管了，我还管什么？

任蜗牛往前爬，我在后面生闷气。

咦？我闻到花香，

原来这边还有个花园。

我感到微风吹来，

原来夜里的风这么温柔。

慢着！

我听到鸟叫，我听到虫鸣，

我看到满天的星斗多亮丽。

咦？

我以前怎么没有这般细腻的体会？

我忽然想起来，莫非我错了？

原来是上帝叫一只蜗牛牵我去散步。

文中所说的，不正如大多数父母教育孩子的情形吗？

生活在快节奏时代的我们，总是习惯性地忽视稻田蛙叫的闲适和欣赏星空的雅致，始终在和时间赛跑，甚至连教育孩子都追求着"速成"。为了让孩子赢在起跑线上，各种舞蹈班、美术班、英语班替代了孩子的娱乐，"快点儿吃饭""快点儿写作业""快点儿睡觉"也变成了父母的口头禅。

事实上，"让孩子赢在起跑线上"的思想，本身就是教育界的一种误导。人生好比一场马拉松，赢在起跑线上是短跑比赛，对于像马拉松那样的长跑，赢在起跑线上跟最后的胜利并没有太大的关系，起跑是否领先并不重要，重要的是要保存实力。父母将人生误认为是短跑比赛，所以才会让孩子拼尽全力赢在起跑线上，结果后劲儿不足，导致最终的失败。

世间万物的发展都有不可打破的规律，就像蝴蝶只能自己努力挣扎破茧而出，才能真正地飞向美丽的花朵；种子需要冲出泥土的包裹才能遇见新生。孩子的成长也是一样的道理。当父母对孩子实施"揠苗助长式"的教育时，就已经违背了孩子身心健康发育的基本规律。

孩子的成长并不是一蹴而就的，而是循序渐进的过程，他们更需要"慢养"，需要父母能静下心来，倾听他们的内心，和他们一起体会生活，享受他们在点滴成长中展示的美好。

尽管"慢养"看起来很难，它仍然值得父母们去尝试。毕竟，每个孩子来到世上，都是独一无二的风景，都值得被温柔对待。要想让"慢养"变成可能，父母首先应该让自己的教育方式随着孩子的成长规律相应地转变。

1. 给孩子设定合理的期望值

许多父母总是忽略孩子的年龄特点，对孩子提出过高的要求。这样的教育方式，很容易让孩子由于达不到父母的要求而变得自卑，甚至对学习失去兴趣。要避免这种现象，父母就应该根据孩子的年龄特点，设定适合孩子的目标，给孩子营造轻松的生活环境，这样才有利于培养孩子的自信。

2. 给孩子自由成长的环境

7岁的姐姐想吃烤红薯，妈妈拗不过就给她买了一个。姐姐想自己剥红薯皮，妈妈却以剥红薯不卫生为由，拒绝了姐姐的要求。尽管姐姐眼睛里充满了乞求、尴尬，甚至痛苦，妈妈依然不为所动。

红薯皮剥完了，妈妈笑眯眯地递给姐姐，姐姐却板起小脸，不吃了。妈妈觉得很窝火，她想不明白为什么刚刚还欢天喜地吵着吃红薯的姐姐，一转眼就晴转多云了，自己费钱又费力，却换来了孩子的抵触。

在这个失败的教育案例中，妈妈忽略了姐姐的心理，她没有弄清楚姐姐想吃红薯，究竟是馋，还是仅仅想要体验剥红薯皮的过程，她忽视了孩子心智发展的需求。

和姐姐的妈妈一样，很多父母都曾无情地剥夺过孩子成长中的需求和体验。一个典型的例子是当孩子表现出想自己穿鞋的意愿时，父母常常以孩子还小、自理能力差，自己急着出门、孩子穿鞋太慢等理由拒绝孩子。诚然，帮助孩子穿鞋的确节省了时间，但也让孩子丧失了自主穿鞋的能力。

孩子的成长，本身就是一个不断追求独立的过程。这个过程需要孩子自己去冒险和探索，并在冒险和探索中积累生活的经验。如果父母过多地干涉孩子的自由，必将影响到孩子的独立成长。意大利教育家蒙台梭利曾说过："我们必须把我们的后代造就成强有力的人，也就是我们所说的独立和自由的人。"

孩子的健康成长，需要的是宽广的大海，而不是父母提供的狭小的"鱼缸"。父母只有给予孩子充分自由的成长空间，才能让孩子在浩瀚的大海中更快乐地前行。

3. 把选择的权利还给孩子

很多父母一心想让孩子成才，因此为孩子制定了各种条条框框，甚至孩子穿什么、吃什么、学什么、交什么朋友都要干涉，将自己的意愿无情强加在孩子身上。他们总是以为，孩子还小，不知道权衡利弊，不知道规划未来，自己为孩子做出的选择，孩子将来一定会感激。

事实上，这违背了孩子成长的规律，并不利于孩子的成长。孩子再小，也有被尊重的需求，父母在面对孩子合理的需求时，应该给予尊重。把选择的权利还给孩子，也把成长的机会还给孩子！

教育孩子就是牵着一只蜗牛去散步，当你静下心来细细品味时，你会发现，你给孩子带去一个美好童年的同时，孩子也会回赠你一个美好的世界。

挫折教育——把每次失败都当作前进的"垫脚石"

如今网络和电视上不乏这样的新闻出现：一名成绩优异的学生由于一次没考好，竟然选择了轻生；一名成绩较差的学生因受不了老师的批评，竟然离家出走了；又或是一个孩子因为父亲说了他几句，就对父亲动起拳脚。这种消息不绝于耳，可以说令人错愕。

对此，老师、父母乃至整个社会都在困惑：究竟我们的孩子出现了什么问题？到底是什么让孩子的耐挫力几乎等于零？

孩子"受挫能力低下"并非个别现象。2017年，有一个教育机构就"受挫能力"对7~9岁的孩子做过一个问卷调查，针对"你的孩子是否能承受挫折"这一问卷的数据显示：81%的父母选择了"否"。在"无法承受挫折的时候孩子会如何表现"这一选项中，又有接近70%的父母选择了"哭闹""发脾气"和"不愿意理人"等。

由此可见，孩子无法承受挫折是困扰父母已久的问题。导致孩子无法承受挫折的原因有很多，除了父母的娇生惯养，以下是导致孩子受挫能力低下的两种主要原因。

第一种原因：过度保护

现在的父母因为害怕孩子受到伤害，总是这也不许、那也不让，这种"过度保护"的方式不仅让孩子失去了尝试新事物的机会，也让孩子失去了遇到挫折的机会。大部分父母在孩子踢足球不小心弄伤自己时，会选择责备，并告诫孩子"下次不能再这样了"。殊不知，这种"保护"只会让孩子在面对挫折时毫无招架之力，只能用哭闹来解决。

第二种原因：过度溺爱

许多父母提倡"顺养法"，觉得孩子还小，不懂事，就由着孩子的脾气来，惯着他。如此"顺养"的结果只会让孩子养成骄纵的脾气和不良的习惯。父母应该思考的是：如果未来有一天孩子变得特别逆反，又将如何处之？

从儿童心理学的角度来说，7~9岁的孩子害怕失败，"输不起"是一种正常的现象。就算是成年人，做任何事也希望自己比别人强，比别人做得更好，也希望得到周围人的赞赏、表扬或是认可，更何况孩子呢？由于孩子的年龄小，他们无法清楚地了解自己的强弱项和优缺点，当自己做得不如别人好，或是玩游戏输了时，这种强烈的"受挫感"让他们无法接受，所以才会哭闹不止、大发脾气。

诚然，孩子的好胜心是可以理解的，可是如果孩子每一次都计较输赢和得失，甚至对每一次的输赢都耿耿于怀的话，最终就会影响孩子适应社会的能力和与他人相处的能力。因此，父母要重视孩子的挫折教育，让孩子养成勇于体验挫折、正确面对输赢、提高承受挫折的能力，摆脱"输不起"的心理障碍，把每次失败都当作前进的"垫脚石"。

值得注意的是，对孩子进行挫折教育时要张弛有度，否则只会事与愿违。挫折教育就像妈妈做的一盘菜，只有主菜、配菜和调料的选择都恰当且分量适宜时，才能做出美味可口的佳肴，才能保证孩子健康、快乐成长。究竟什么样的"挫折菜谱"才算得上营养全面呢？父母可以按以下三点"烹制"。

1. "主菜"：引导孩子体验挫折

在孩子成长的过程中，父母要有意识地引导孩子体验挫折。比如，当孩子功课做错了、考试考砸了、打球打输了时，父母先别忙着"代办"，最好的方法就是趁势引导孩子直面问题、正视挫折。比如，当孩子打球打输了时，父母可以对孩子说："只要是竞赛，都会有输赢，这次输了，我们可以多练习一下，下次赢回来。你想一下，这次输了，你也一样受到小伙伴的喜欢，没有谁会因为你打输了球就不喜欢你，对不对……"

2."配菜"：父母要起到榜样的作用

父母在对孩子进行挫折教育时，一定要以身作则，起到榜样的作用。当父母自己遇到挫折时，要做到从容面对。尤其是当着孩子的面，可以适当地说一些给自己打气的话，哪怕是简单的自我鼓励，也能让孩子感受到父母面对挫折时的平和心态、战胜困难的决心以及坚强的意志。

3."调料"：父母要把握好挫折教育的度

挫折教育的目的是培养孩子战胜困难的决心和坚强的意志，而不是"挫伤"孩子的自信，所以在挫折教育中"调料"的量就显得尤为重要。每个孩子由于成长环境、性格和各年龄段发展水平的不同，其承受挫折的能力也不一样，因此父母在进行挫折教育时要充分考虑孩子的年龄、承受力等各方面的因素，不能为了培养孩子的坚强就牺牲他们的身心健康和快乐。

当然，挫折教育的方法远远不止以上三种，究竟什么样的方法对孩子是最有用、最有效的，就需要父母不断地去探索、去发现了。人生并不是一帆风顺的，想要在充满坎坷和困难的旅程中生存下去，父母要做的是锻炼孩子，让其拥有"跌倒了爬起来"的强大内心，这才是最重要的。

勇敢教育——帮孩子赶走怯懦这只纸老虎

　　玥玥今年7岁，是个聪明伶俐的孩子，不仅会唱歌、跳舞，而且还弹得一手好钢琴。由于性格内向、胆小，所以她在很多机会面前都表现得怯懦，也因此失去了一些在公开场合表现自己的机会，在很多人眼里玥玥是一个表现平平的孩子。

　　比如，六一儿童节的时候学校举行文艺演出，同桌鼓励玥玥去唱歌。但玥玥觉得在那么多人面前表演，自己万一唱不好会被别的同学笑话，所以连忙拒绝了。后来市里举行了钢琴比赛，老师推荐玥玥去参加，她依然没有勇气。甚至班级举行的一些活动，她也不乐意参加，每次都推托。久而久之，再举行活动时老师和同学也都不愿叫她了，而一些才艺不如她的同学积极参加活动，从而获得了展现自己的机会，也获得了荣誉和老师的关注。

　　客观来说，玥玥这种怯懦的表现正是7~9岁的孩子在成长路上所要经历的一种心理体验，是孩子心智发育还没有完全成熟的一种表现。从儿童成长的特点来看，7~9岁的孩子，头脑和心智已经具备了一定的思考能力，基本会判断哪些事物安全、哪些事物不安全。既然有了判断危险的能力，必然导致孩子出现"不敢尝试"的胆小情形——感觉安全，孩子才会大胆地尝试；感觉不安全，孩子则会退缩。这样的表现被称为"怯懦"。

　　除了正常的心理发展，导致7~9岁的孩子出现怯懦心理的原因还有以下三个。

1.自我保护的本能

　　在孩子认知事物的过程中，避免不了会发生一些危险的情况。比如，练习游泳时会不小心呛到水，当孩子经历了这些之后，心理上会格外担忧，以致下次遇到同样的情形时就会出现怯懦心理，表现得胆小、害怕。这是孩子本能的自我保护行为，就好比有些孩子只和认识的小朋友一起玩耍一样。

2. 父母个性的影响

父母过于强势容易带给孩子极大的心理负担，让孩子表现怯懦；父母本身怯懦也会给孩子带去错误的榜样，让孩子形成怯懦的性格特点。

3. 有过被恐吓的经历

对孩子进行身体或言语上的威胁以及吓唬等暗示，也会导致孩子怯懦。比如，孩子在幼儿时哭闹不听话，有些父母会说："你再哭的话，大老虎就会来吃了你。"这样的话，会让孩子产生恐惧心理，久而久之就会形成怯懦的性格。

一般情况下，孩子的这种怯懦心理会随着孩子的逐渐成长与知识的积累而慢慢得到改善，但如果孩子的"怯懦心理"长久而持续地发展，并趋于严重，影响正常的生活，那么父母就要对孩子进行勇敢教育，通过正确的引导来帮助孩子赶走怯懦这只纸老虎了。

长期的怯懦心理会阻碍孩子的很多积极行动。比如，怯懦会让孩子面对委屈不敢表达，面对伤害不敢还击，面对被误解不敢争辩，面对困难不敢去努力。怯懦的孩子长大后为人处世也会退缩畏惧，不敢争取自己的利益，不敢争取自己的发展机会，不敢面对生活的各种挑战……而这些都会让他的生活、工作、事业、婚姻陷入困境。

要帮助孩子赶走怯懦这只纸老虎，让孩子变得勇敢，父母可以从以下三个方面入手。

1. 强化事情的积极面

生活中，很多父母在对待孩子的问题上，往往只注意到了事情的消极面，反而忽略了孩子的心理变化。比如，孩子做错事情了，本来心里就很难过，这时候父母不加以安慰反而一味地横加指责，不停地唠叨并按照自己的想法去教育、数落孩子，"吃饭洒得到处都是""洗衣服弄得地上都是水"。

孩子长期处于这样一个消极的环境中，会逐渐自卑，丧失自信心。为了不惹父母生气并得到他们的喜欢，孩子遇事就容易产生一种矛盾的心理，明明想去做，可又害怕做不好而遭到父母的责骂。这种想做又害怕的心理也是心理怯懦的一种表现。

小明看到其他小朋友滑轮滑很酷，央求妈妈给自己也买了一双轮滑鞋，想学习滑旱冰。当小明在广场上练习轮滑时，妈妈一直在旁边不停地嘱咐着："儿子，小心点儿，看着点儿路，千万别摔了，摔破了皮会流血的。"正说着，小明一不小心摔了一跤，妈妈立马又开始了责怪："哎呀，不是让你小心点儿的吗，你看看，这下摔疼了吧。"本来摔了一跤就很疼，再加上妈妈一直不停地指责，小明立马对滑旱冰产生了恐惧，再也不敢滑了。

这种情形就是父母太注重事情消极面所产生的后果，容易让孩子过于关注事情的消极面，结果消极面打击了孩子继续做事的勇气和信心，从而表现出怯懦。正确的做法是，妈妈可以鼓励小明："儿子，你是小小男子汉哦，这点小小的挫折是难不住你的，妈妈相信你能行，继续努力你很快就能学会的。"

作为父母，我们不妨试着换个角度去鼓励下孩子："儿子，你是个勇敢的男子汉哦，这点小小的困难是难不住你的，妈妈相信你能行，继续努力你很快就能学会的。"在这种积极语言的激励下，孩子才能慢慢克服怯懦的心理，并勇敢地面对遇到的各种困难和挫折。

2. 不要给孩子过多限制

所谓给孩子过多限制，其实也就是很多父母给孩子设置的一些条条框框，并用这些标准来严格要求孩子：这个不行，那个不可以。孩子想吃这个，父母说，这个吃了上火不好；孩子想玩那个，父母又说，这个很危险不能玩。总之，父母自认为对孩子不好的都不愿意让孩子去尝试，这样做的结果就是打消了孩子尝试的积极性，使孩子变得怯懦，不敢尝试新事物。因此，父母不要给孩子过多限制，要学会放手，让孩子自己去学习、去辨别。

3. 示范法

孩子并非天生就胆小，当你发现自己的孩子在某些方面不够勇敢、不敢尝试的时候，你要知道，他们是因为心里担忧这些事情会给自己带来伤害。如果此时父母能够亲身示范，与孩子一起尝试，那么孩子出于对你的信任，自然也就大胆地去做了。

比如，孩子怕水，父母可以带着孩子一起去报名学游泳、去公园划船、去参加溪谷漂流等，之后再慢慢抱孩子下水、用手托着孩子浮在水面……如此和孩子一起体验，慢慢地，孩子就能克服对水的恐惧了。

当然，对孩子进行勇敢教育的方法远不止以上三种。父母要逐步地有意识、有计划地对孩子进行勇敢教育，让孩子体会到敢于尝试的乐趣，让勇敢之心战胜不安与怯懦，造就孩子外向、勇敢、积极的品格。这样的品格可以帮助孩子在未来勇敢驰骋，少些平凡和悲哀，多些壮丽和色彩。

摒弃完美主义——每个孩子都不是完美的天使

陈女士的女儿小雪今年7岁，刚上小学一年级，最近陈女士发现，小雪的行为有些反常，主要表现在以下两件事上。

其一，一天早上，小雪穿了一件白色的连衣裙，吃早饭时不小心沾了一滴油，小雪非要重新换一条裙子才肯上学。事实上，这一滴油不仔细看，根本看不出来。妈妈认为没有换的必要，可小雪义正词严地说："上面有这滴油，这条裙子就不好看了。"

其二，小雪在家写语文作业写到一半时，作业本用完了，家里没有准备同样封面的作业本。妈妈让她用别的作业本代替一下。谁知小雪很生气地对妈妈说："写同样的作业，怎么能用不一样的作业本呢？"说完，便央求着让陈女士下楼去给她买。

在妈妈看来，小雪还有另外一些要求让人难以忍受。比如，小雪不允许看到妈妈穿爸爸的睡衣，爸爸也不能穿妈妈的拖鞋，每个人吃饭都要用自己专用的碗，喝水也要用自己专用的水杯，使用过的东西一定要摆放整齐，不能凌乱等。陈女士很纳闷：女儿如此要求完美，到底是好还是坏呢？

事实上，这是小雪过度追求完美的表现。通常来说，孩子追求完美的敏感期发生在 2~5 岁这一阶段。2~5 岁的孩子，对于规则和次序有了最初的认知，此时的他们会突然出现一些父母无法理解的行为：会开始按照自己的喜好来做某件事，不达目的誓不罢休；会突然给身边的人制定规矩并要求严格执行，会模仿父母的言谈举止……但是对于 7 ~ 9 岁的孩子而言，已经过了这个阶段。如果这一阶段的孩子仍然过度追求完美，就要引起父母的高度注意了。

追求完美固然没有错，但如果孩子过分追求完美，出现完美主义倾向，那就该引起重视了。追求完美和具有完美主义倾向是两个不同的概念。从心理学的角度来说，追求完美代表一个人积极努力向上，对待事情认真负责，就算结局不圆满，但至少努力过，可以汲取教训与经验，下次重新来过；而完美主义倾向则是一种人格特征，具体表现为把事物的标准定得过高，高到不切实际，一味地去追求完美，却限制了自身的行为思考能力，忽略了他人的建议，且自身也带有一定的强迫症，往往要求自己去完成一些不可能做到的事，喜欢钻牛角尖，近乎偏执。

导致孩子出现完美主义倾向大致有以下两个方面的原因。

1. 父母有完美主义倾向

父母过于追求完美，那么必然在点滴的生活中无形地把这种想法强加于孩子身上。比如，起床被子一定要叠放整齐、写字一定不能超出边框、冬天一定要喝热水……这类看似合理的要求，却大大增加了孩子的心理负担。每天都压抑地生活，不敢有丝毫松懈，长此以往，孩子便形成了一些偏执型的完美主义，力求通过事物的完美来让父母满意。

2. 父母对孩子期待过高

比如，孩子考到 95 分已经尽力了，父母却依然不满意，只因为没有达到期望的 100 分。孩子没有得到父母的夸奖，反而引来一顿数落，在这种失望的目光中，孩子开始怀疑、否定自己的能力，自暴自弃地用一种不良的心理状态去看待身边的人和事，如此恶性循环，心理承受能力差，受不了任何打击。

7～9岁不仅是孩子生理的成长阶段，也是儿童心理变化的一个转折点。在这一阶段，他们开始注意仪表仪容了，开始迫切地想要表现自己了，希望自己得到众人的注视，受到更多人的喜欢。父母完美主义的教育，会使得孩子在成长的阶段产生自卑、怯懦的性格，这种认知行为一旦被潜移默化地带到生活当中，那将会带来终生的影响。

父母应该明白的是，孩子适当地追求完美可以让他变得更好，但如果过度则是弊大于利的。父母应该帮助孩子减缓追求完美的程度，可以从以下两个方面入手。

1. 发现并夸奖孩子的优点

每个孩子都是上天带给我们的天使，只是每个天使所生活的环境不同，所以身上的闪光点也不尽相同。有些父母总觉得别人家的孩子全身都是优点，自己家的孩子什么都不会，优点没多少，缺点倒是一大堆，但这其实是自家孩子的优点没有被发现而已。只要父母善于观察，并鼓励孩子，就一定能发现孩子身上的优点。发现孩子的优点，并让孩子在一个充满爱的环境中勇敢自信地表达出想法来，孩子的心态阳光了，自然也就不会产生偏执的想法了。

2. 别将自己的高期望强加给孩子

有些父母因为自身条件优秀，所以也希望孩子能如自己一样出色，于是制定一些条条框框来规划孩子未来的发展。一旦孩子没有达到自己所期望的目标，父母就会抱怨："你看看人家的孩子，多么努力、多么优秀！再看看你，一点儿也不体谅我的良苦用心，我做这一切还不都是为你好？"

对孩子抱有期望是无可厚非的，但凡事也要量力而行，把握好度。虽然说有压力才有动力，但如果给予的压力过大、期望过高，则会打击孩子的自信心，结果适得其反；而期望过低也会让孩子处于一种懒散的状态中而缺乏积极性。因此，父母最好是将孩子的期望值作为前进路上的一个参考依据，而不要将自己的梦想强加给孩子。期待孩子帮你去实现梦想，这是一个非常错误的观点。

培养孩子的社会能力——父母的终极使命

　　沐沐是一个漂亮的小女孩，今年8岁了，上小学二年级。最近妈妈接她回家时发现，其他的孩子都是三三两两结伴一起从学校出来，而沐沐却总是自己一个人慢吞吞地走出来。刚开始，妈妈以为她只是和同学闹矛盾了，就没有太在意，可是后来发现沐沐一直都是这样的情况。妈妈想，难道孩子在学校过得不快乐？于是连忙给老师打电话询问孩子在学校的情况，老师反映说，沐沐在学习上也不太合群：当别的同学都在一起热闹地讨论问题时，沐沐总是一个人坐在座位上看着；当同学们邀请她一起参加讨论时，她也总是摇头拒绝。

　　说到最后，老师安慰沐沐妈妈说："这也不是什么大问题，可能就是她性格有点儿孤僻、不太合群而已，过一段时间就好了。"

　　看完这个案例，你有何想法？正如老师所说，沐沐没有什么大问题，只是不合群而已吗？

　　从心理学角度来说，不合群其实是一种退缩性行为。不合群的孩子往往性格孤僻，不愿意或者不知道怎样与他人相处，而且不能和周围的伙伴融合成一个整体，导致孩子无法适应社会。长此以往，这种不合群的行为只会让孩子变得越来越自卑，无能感越来越强，甚至还有可能出现攻击他人的行为。

　　因此，沐沐最大的问题并不是不合群，而是对环境的适应能力差。

　　7～9岁的孩子大多刚刚进入小学，与幼儿园轻松、快乐的环境有所不同，小学的环境要求孩子在德、智、体、美、劳等多方面有更多发展。这时，适应能力强的孩子能很快地适应新环境，能与同学、老师愉快地相处；而适应能力差的孩子则会出现沐沐这样的情况，不合群、孤僻。

　　需要注意的是，大多数7～9岁的孩子的这种表现会随着时间的推移有所好转，可能在与老师、同学相处几个月后，孩子就能适应新的环境，但如果孩子一直出现不合群、孤僻的状况，那么父母就应该有所警惕了。

导致孩子不合群、孤僻的原因有很多，从心理学的角度来说，主要有以下三种原因。

1. 不良环境的影响

现在的父母大多工作繁忙，没有时间陪伴孩子，再加上居住环境的闭塞，导致孩子缺少玩伴，邻里之间也没有太多的交往。长时间的封闭环境使孩子不愿意与人交往，不愿意说话，最后形成孤僻的性格。

2. 教养方式不当的影响

当孩子与同伴发生矛盾时，父母为了不让自己的孩子吃亏，往往会教孩子保护自己的零食或玩具，甚至告诉孩子可以不和对方交往。父母的初衷是让孩子学会保护自己，但没有考虑到的是这种教养方式会对孩子的性格和社交起到负面作用。

3. "斥责效应"的影响

当孩子把同伴的玩具弄坏了或是把对方弄疼了的时候，一些父母会立刻斥责孩子，并警告他下次不许再犯。其实这只是孩子人际交往中的小"纠纷"而已，当孩子受到斥责后，可能会在以后的人际交往中无所适从，不知道该如何与同伴相处，甚至产生社交恐惧。这种斥责效应也会导致孩子不合群。

学校可以被看作一个集体生活的小社会，在这个小社会里，充满了友谊、合作、竞争，甚至会有一些矛盾和冲突。如果孩子不能很好地适应学校生活，那么未来他也将很难适应真正的社会生活。

社会能力是检验一个人的重要标准，而这个标准是综合性的、多方面的。也许在父母的眼里，孩子是成功的，考上了名校，成了高才生，而且还多才多艺，可是在社会标准的衡量下，他可能是一个不能适应社会、自私、冷漠、脆弱、没担当的人。

作家龙应台说："所谓父女母子一场，只不过意味着，今生今世不断地目送他的背影渐行渐远。"假如你真的爱孩子，那么，请你一定要在孩子步入社会之前，培养孩子的社会能力，让他用自己的头脑和双手创造属于自己的辉煌人生。

要培养孩子的社会能力，父母可以借鉴以下做法。

1. 培养孩子的人际交往能力

人际交往能力是孩子必须学会的适应社会的第一个能力。人是群居动物，所有人都不可能离开集体单独存在。孩子通过集体活动可以学习他人的经验和技巧，可以获得有价值的信息，可以学会与他人沟通并共同完成某项任务。

为了让孩子具备人际交往的能力，学会处理人际关系，父母要鼓励孩子积极参加集体活动，让孩子多与同龄的小朋友接触，鼓励孩子交朋友。当孩子和同伴发生冲突时，父母也要引导孩子学会解决冲突和矛盾。

2. 培养孩子的合作能力

与他人之间的合作是每一个正常人都应具备的基本素质，也是生存的必备技能。任何人的成长和发展都不是孤立的。随着年龄的增长和社会交往的增多，合作能力将会变得越来越重要。父母首先应当把人与人之间合作的重要性告诉孩子，然后还要鼓励孩子多参加各种合作。比如家庭合作、班级的各种活动、做社会义工等。通过这些活动或劳动，让孩子体验到合作的快乐与价值。当然，在合作的过程中，要提醒孩子遵守合作的规则，以利于合作成功。

3. 培养孩子的社会竞争意识

现代社会是一个充满竞争的社会，一个人如果不具备竞争的意识和竞争的能力，就很难在社会上立足。因此，要想让孩子能适应未来的社会，成为生活的强者，就必须从小注重对孩子竞争意识的培养。

培养孩子的竞争意识，首先要培养孩子的胆识。胆识就是胆量与见识：有了胆量，孩子就会敢于迎难而上、开拓进取；有了见识，孩子就会见多识广，了解现实、驾驭现实。

其次要鼓励孩子自由竞争、公平竞争。要鼓励孩子自由参加竞争活动，而不是强迫孩子参加，否则会让孩子产生抵触心理和逆反心理，反而不利于孩子合理的社会竞争意识的培养。要让孩子进行公平竞争，不能在竞争过程中采取不正当手段，要培养孩子正确的竞争心态。

最后，要告诉孩子"胜不骄，败不馁"。既然是竞争就会有胜有负，一旦孩子竞争失败，就要告诉孩子"胜败乃兵家之常事"，关键是要找出失败的原因，确定努力的方向，而不是怨恨自己或竞争对手，"输得起"的心态也很重要。

总之，孩子今天的学习和成长都是为了今后更好地走入社会，培养孩子的社会能力也成了父母的终极使命，希望每一位父母都能对此高度重视。